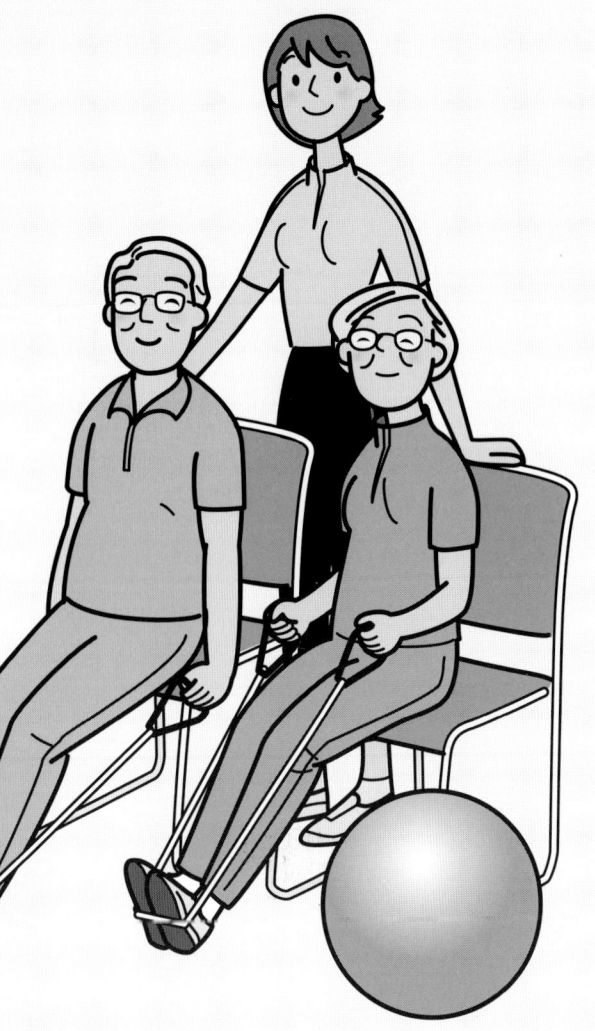

介護予防のための
運動器の機能向上マニュアル

編著
財団法人　札幌市健康づくり事業団
札幌市中央健康づくりセンター
健康運動指導士　　佐竹恵治

共著
財団法人　札幌市健康づくり事業団
札幌市西健康づくりセンター
健康運動指導士　　金澤奈緒美
札幌市中央健康づくりセンター
健康運動指導士　　竹村慎二
健康運動指導士　　田頭正一

建帛社
KENPAKUSHA

序

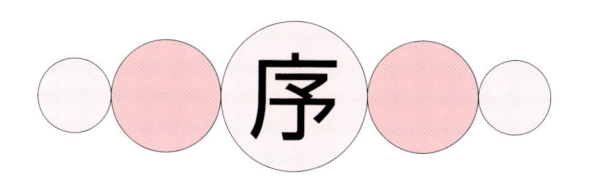

　本格的な高齢社会を迎えた今，高齢者が生きがいをもちながら，住み慣れた地域で生き生きと暮らし続けることを支援する新たなサービス体系が整備されました。ひとつは今回の介護保険法の改正によって「新予防給付」が創設されたこと，もうひとつは市町村事業の介護予防関連事業の再編により「地域支援事業」が創設されたことです。これにより，要介護認定に至る前の段階から高齢者が要介護状態に陥ることをより積極的に予防し，さらには要介護状態となってもできるかぎりその悪化を防ぐことの可能性が広がりました。

　介護予防の具体的なメニューとしては，以下の三つがあります。
① 運動器の機能向上
② 栄養改善
③ 口腔機能向上　などのサービス

　運動器の機能向上は，廃用などによって身体機能が低下した高齢者を主たる対象に，短期間で身体機能の改善を図ることを第一の目標とし，日常的にできる活動を増やしたり，止めてしまった趣味や社会活動を再開したりといったことを次なる目標としています。札幌市中央健康づくりセンターで実施した筋力向上トレーニング事業の結果をみますと，筋力・バランス・移動能力といった体力の諸要素が向上し，日常の活動量も増大しています。趣味や習い事を復活した人や新たに始めた人，その後も運動を続けている人たちもたくさんいます。何より，主観的な健康度が改善しており，参加者本人が心身ともに元気になったことを実感していることは喜ばしいかぎりです。

　さて，しばしば問題になることは，運動で得られた効果をどのようにして持続させるかということです。これまでの調査では，ほとんどの参加者が運動の継続を希望しています。このことは，運動の場所さえ確保することができれば運動を継続でき，長期的に介護予防を図ることが可能であることを意味しています。そのためには参加者が自立して運動ができるよう指導していくことも必要です。また，生活面においては日常的に取り組むことのできる活動や運動，さらには栄養や休養についても助言していくことが大切です。運動をきっかけに健康について関心をもってもらい，健康づくりの領域を拡大していくことも大切なことです。

「運動器の機能向上」の手段や方法はさまざまあります。ツールとして何を使用するのか，体力要素は何を狙いとし，どのような方法論を用いるのかなどといったことです。

　本書の特徴は，参加者の体力レベルに合わせてプログラムを構成しやすいように，運動種目ごとにレベル表示していることと，具体的なプログラム例を掲載していることです。本書を高齢者の運動器の機能向上に向けて有効にご活用いただければ幸いです。

　2006年9月

編著者　佐 竹 恵 治

もくじ

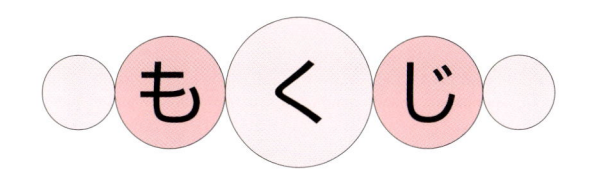

第1章 運動器の機能向上概要 ……………………………（佐竹・金澤）…… 1

1. なぜ，運動器の機能向上が必要か …………………………………………… 1
2. 運動器の機能向上の目ざすもの ……………………………………………… 3
3. 運動器の機能向上の流れ ……………………………………………………… 3
4. 事前アセスメント ……………………………………………………………… 4
   1. 健康状態の確認 …………………………………………………………… 4
   2. 理学的評価 ………………………………………………………………… 4
      （1）痛みの評価／4
      （2）身体アライメント／5
   3. 体 力 測 定 ………………………………………………………………… 6
      （1）測定の際の留意点／6
      （2）体力測定の順序／6
   4. 健康関連QOL（質問紙調査）…………………………………………… 7
      （1）SF-36／7
      （2）老研式活動能力指標／7
   5. 個別サービス計画書の作成 ……………………………………………… 7
5. 安 全 管 理 …………………………………………………………………… 8
   1. 緊急時の対応 ……………………………………………………………… 8
   2. 転倒の予防 ………………………………………………………………… 9
   3. 体調の確認 ………………………………………………………………… 9
6. トレーニングプログラムの標準 …………………………………………… 10
   1. 人　　員 …………………………………………………………………… 10
   2. 運動に必要な備品 ………………………………………………………… 10
   3. ねらいとする体力要素 …………………………………………………… 10
   4. プログラムの期分けとねらい …………………………………………… 11
   5. 時間配分・頻度 …………………………………………………………… 12
   6. 運動強度の確認 …………………………………………………………… 13
   7. コンディショニング期のプログラム例 ………………………………… 14
   8. 運動器の機能向上期のプログラム例 …………………………………… 20

第 2 章　準備体操（ストレッチング） ………………………（竹　村）…… 27

1　準備体操（ストレッチング）を行うにあたって……………………… 27
1．目　　的 ……………………………………………………………… 27
2．実施上の留意点 ……………………………………………………… 27
3．姿勢保持が困難な参加者には ……………………………………… 27
（1）座位が困難な場合／ 28
（2）仰臥位が困難な場合／ 28

2　部位別種目 ………………………………………………………………… 29
1．肩と肩周囲のストレッチ …………………………………………… 29
（1）肩の挙上・下制ストレッチ／ 29
（2）肩の回旋ストレッチ（後ろ回し）／ 29
（3）肩周囲のストレッチ／ 30
（4）肩の内外旋ストレッチ／ 31
（5）肩の外転ストレッチ／ 31

2．胸部・背部のストレッチ …………………………………………… 32
（1）大胸筋のストレッチ／ 32
（2）広背筋のストレッチ／ 32

3．体側のストレッチ …………………………………………………… 33
（1）イスを使った体側のストレッチ／ 33
（2）体側のストレッチ（仰臥位）／ 33
（3）体側のストレッチ／ 34
（4）体幹の回旋ストレッチ／ 34

4．太もも前側のストレッチ …………………………………………… 35
（1）股関節の屈曲・伸展ストレッチ／ 35
（2）大腿四頭筋のストレッチ／ 36
（3）イスを使った股関節の伸展ストレッチ／ 37
（4）大腿四頭筋のストレッチ（立体）／ 38

5．臀部・太もも後側のストレッチ …………………………………… 39
（1）大臀筋のストレッチ／ 39
（2）イスを使ったハムストリングスのストレッチ／ 39
（3）ハムストリングスのストレッチ／ 40

6．股関節周囲のストレッチ …………………………………………… 41
（1）股関節の内外旋ストレッチ／ 41
（2）股関節内転筋のストレッチ／ 41
（3）イスを使った股関節内転筋群のストレッチ／ 42
（4）股関節の内外旋ストレッチ（両ひざ倒し）／ 42

7．下腿のストレッチ……………………………………………………………… 43
　　　　（1）ヒラメ筋のストレッチ／43
　　　　（2）下腿三頭筋のストレッチ／44
　　　　（3）下腿三頭筋のストレッチ（立位）／45
　　　　（4）ヒラメ筋のストレッチ（立位）／45

第3章　筋力トレーニング ………………………………（田　頭）…… **47**

　　1　使用する器具……………………………………………………………… 47
　　　1．ダ ン ベ ル……………………………………………………………… 47
　　　2．チ ュ ー ブ……………………………………………………………… 47
　　　3．イ　　　　ス……………………………………………………………… 47
　　　4．マ ッ ト……………………………………………………………… 47
　　　5．そ の 他……………………………………………………………… 47
　　2　負荷の調節………………………………………………………………… 49
　　3　トレーニングを開始する前に…………………………………………… 50
　　　1．骨盤の可動性を高めるトレーニング………………………………… 50
　　　2．腹圧を高めるトレーニング…………………………………………… 53
　　4　部位別種目………………………………………………………………… 55
　　　1．下肢のトレーニング…………………………………………………… 55
　　　　（1）大　腿　部／55
　　　　（2）下　腿　部／60
　　　2．体幹のトレーニング…………………………………………………… 64
　　　　（1）腹　　　部／64
　　　　（2）臀　　　部／67
　　　3．上肢のトレーニング…………………………………………………… 73
　　　　（1）胸　　　部／73
　　　　（2）背　　　部／75
　　　　（3）肩　　　部／77
　　　　（4）腕　　　部／80
　　　4．バランス・機能的トレーニング
　　　　「重心の移動をスムーズに」………………………………………… 82
　　　　（1）左右の重心移動／82
　　　　（2）上下の重心移動／83
　　　　（3）前方への重心移動／84
　　　　（4）ニーベントウォーク／85

参考資料……………………………………………………（佐　竹）……**87**

  1　新予防給付の介護予防サービス実施計画の様式の一例 ……………… 87
  2　トレーニング記録用紙 ……………………………………………… 88
  3　体力測定実施方法 …………………………………………………… 89
    1．握　　　力 ………………………………………………………… 89
    2．開眼片足立ち時間 ………………………………………………… 90
    3．Timed up & go テスト …………………………………………… 91
    4．歩行速度（通常歩行速度・最大歩行速度）……………………… 93
    5．ひざ伸展筋力 ……………………………………………………… 94
    6．長座位体前屈 ……………………………………………………… 95
    7．ファンクショナルリーチ ………………………………………… 96
  4　体力平均値 …………………………………………………………… 99

さくいん ……………………………………………………………………**100**

第1章

運動器の機能向上概要

1 なぜ，運動器の機能向上が必要か

　介護が必要になった原因を前期高齢者（75歳未満）と後期高齢者（75歳以上）に分けてみると，前期高齢者は脳血管疾患（48.1％）が約半数を占め，後期高齢者になると脳血管疾患は21.1％まで減少し，代わりに高齢による衰弱（20.5％），転倒・骨折（13.6％），関節疾患（10.6％）が増えている（図1−1）。

　高齢による衰弱や転倒・骨折などは，加齢による衰えに加えて，もともと保持している機能を使用しなくなること（廃用）によって引き起こされると考えられており，要介護後期高齢者の約半数は廃用が原因で介護が必要になっているといえる。廃用は局所においては筋の萎縮を呈し，特に下肢の筋群において著明となる。また，全身では心肺機能の低下をきたす。いったん，廃用が起こると，身体活動量の減少，身体の崩壊が始まり，さらに廃用が進むといった悪循環に陥る（図1−2）。介護予防に取り組む場合，この悪い流れをいかに断ち切るかがポイントとなる。

　運動器の機能向上は身体機能面からのアプローチを主体とする。例として，Roux（ドイツの生物学者）が唱えた筋肉に適用される三つの原則を紹介する。

　① 筋肉は使わなければやせて細くなる。
　② 適切に使えば発達する。
　③ 過度に使うと障害を起こす。

　前述の廃用による悪循環はまさに①の状態があてはまっており，②の環境に切り替えることが必要である。近年，高齢者に対する筋力トレーニングの有効性は，Fiataroneをはじめとする多くの研究者によって科学的な根拠をもって示されている[1),2)]。札幌市中央健康づくりセンターにおいても，要介護高齢者に対して運動器の機能向上（筋力増強トレーニング）を実施しており，下肢筋力など，体力の諸要素において著明な改善を認めている[3)]。

　これらを背景として，廃用などにより運動器の機能が低下している高齢者に対して，運動介入によりその機能を改善し，積極的に介護予防を推し進めることが可能となったのである。

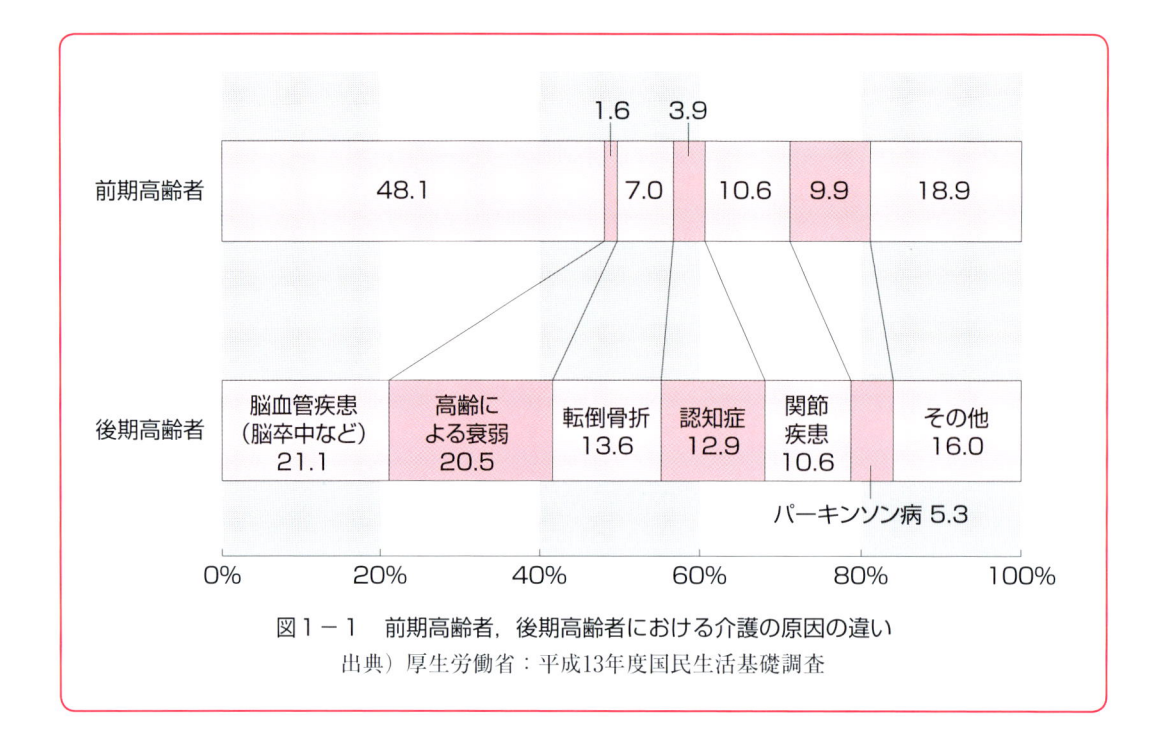

前期高齢者	48.1	1.6	7.0	3.9 10.6	9.9	18.9
後期高齢者	脳血管疾患（脳卒中など）21.1	高齢による衰弱 20.5	転倒骨折 13.6	認知症 12.9	関節疾患 10.6	その他 16.0

パーキンソン病 5.3

図1-1　前期高齢者，後期高齢者における介護の原因の違い
出典）厚生労働省：平成13年度国民生活基礎調査

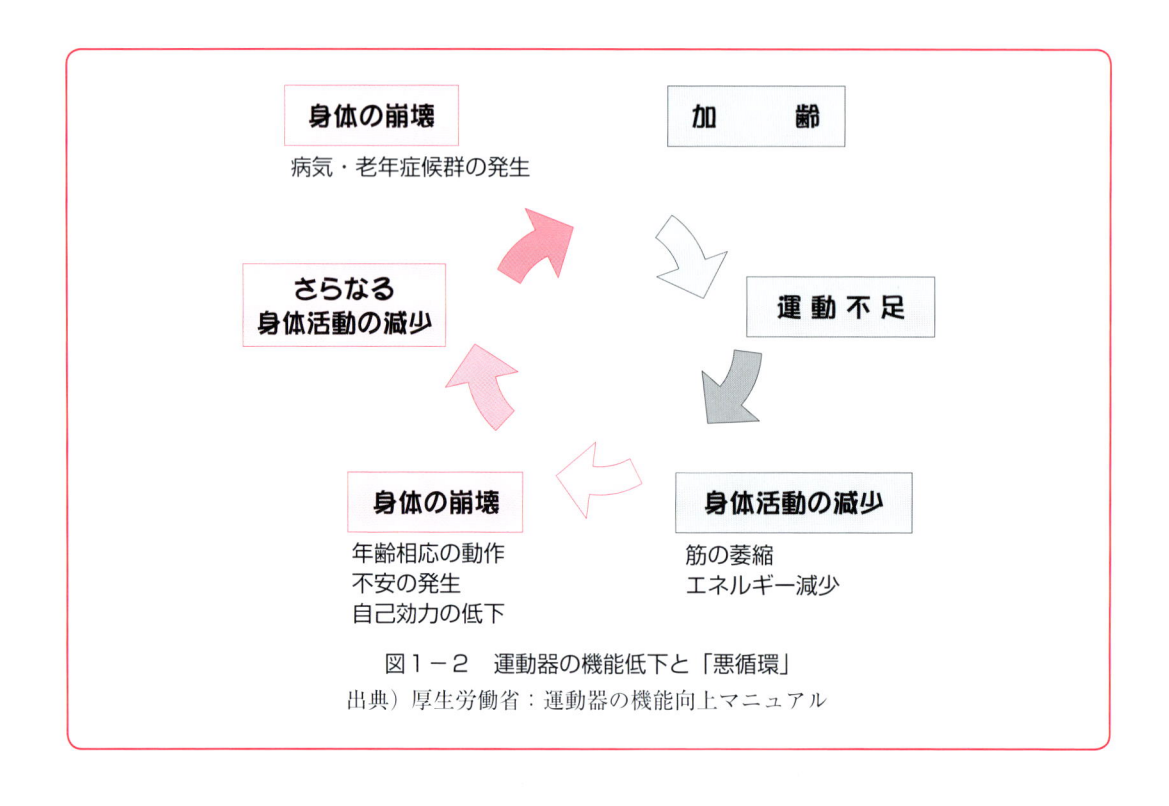

図1-2　運動器の機能低下と「悪循環」
出典）厚生労働省：運動器の機能向上マニュアル

- 身体の崩壊：病気・老年症候群の発生
- 加齢
- 運動不足
- 身体活動の減少：筋の萎縮、エネルギー減少
- 身体の崩壊：年齢相応の動作、不安の発生、自己効力の低下
- さらなる身体活動の減少

❷ 運動器の機能向上の目ざすもの

　運動器の機能向上は，身体・生活機能が低下した虚弱な高齢者を対象とし，運動機能を改善することにより日常的に「できる」活動を増やし，身体機能面における生活自立度を高めることをねらいとしている。そのためには，行動を起こすための筋力，行動を調整する柔軟性・平衡性などの能力，行動を続ける心肺持久力や筋持久力といった各体力要素をバランスよく鍛えることが大切となる。

❸ 運動器の機能向上の流れ

　運動器の機能向上は，約3カ月間を1サイクルとして実施される。参加者には運動の効果およびリスクを説明し，運動器の機能向上について十分に理解してもらうとともに，目的意識をもって取り組んでもらうことが大切である（図1-3）。

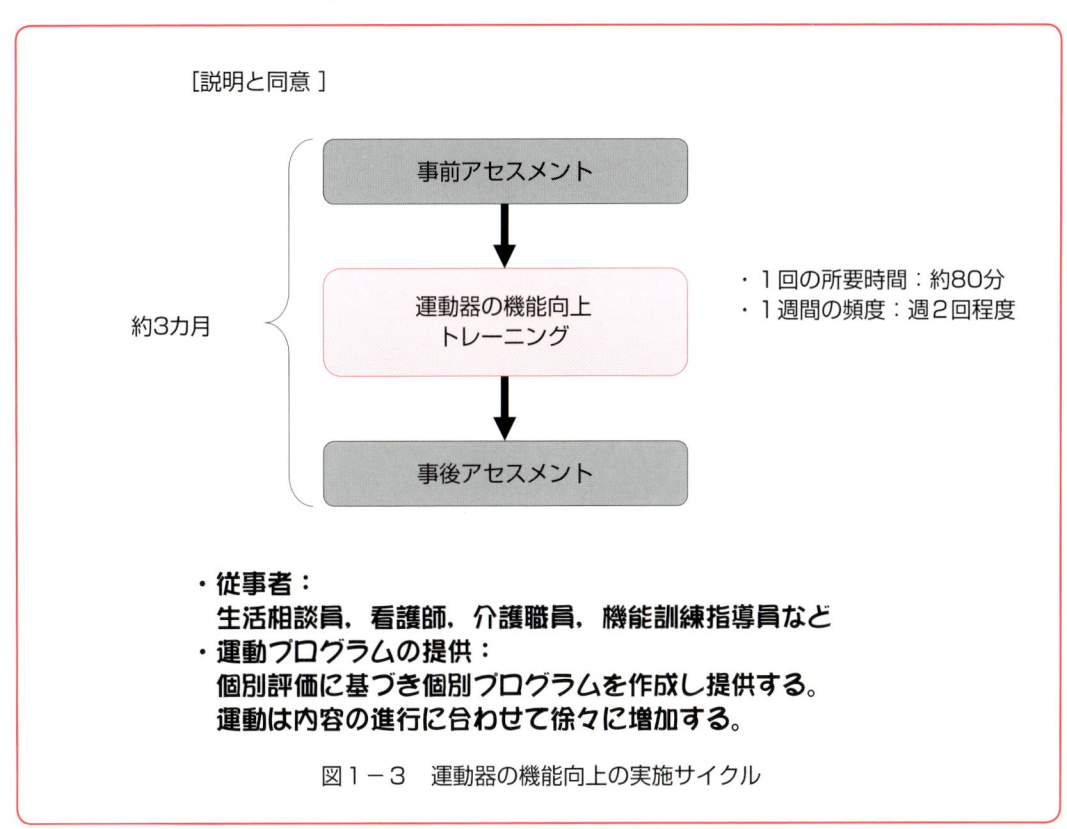

```
[説明と同意]

            ┌─ 事前アセスメント
            │         ↓
約3カ月 ─────┤   運動器の機能向上      ・1回の所要時間：約80分
            │    トレーニング         ・1週間の頻度：週2回程度
            │         ↓
            └─ 事後アセスメント
```

・従事者：
　生活相談員，看護師，介護職員，機能訓練指導員など
・運動プログラムの提供：
　個別評価に基づき個別プログラムを作成し提供する。
　運動は内容の進行に合わせて徐々に増加する。

図1-3　運動器の機能向上の実施サイクル

4 事前アセスメント

1. 健康状態の確認

現病歴，既往歴，服薬，転倒歴，自覚症状などを確認し，運動時の注意事項を把握する。

2. 理学的評価

高齢者は関節，筋肉，靱帯などに疾患をもっていることが多く，これに伴い関節可動域・筋力の低下，疼痛が生じている場合がある。これらを主訴とした身体機能の低下に着目しトレーニングプログラムを組み立てることにより，参加者が安全にトレーニングを実施することが可能となる。理学療法士などはこのことに留意して，ニーズの聴取，痛み，身体アライメント，関節可動域，筋力を評価し，個別のトレーニングプログラムの作成・指導を行う。

（1）痛みの評価

痛みがある部位は人体図に書き込む。複数ある場合は，痛みの度合いが強い順に番号をつける。

痛みの既往については，その痛みがいつからあるのか，診察・治療を受けたのかを確認する。

痛みの評価については次のような方法・対応もある。

●痛みの時間　T1, T2, T3●

T1：ある動作を開始してから痛みが始まるまでの時間
　　（例：歩き始めてから30分でひざが痛む）
T2：痛みの出る動作を続けられる時間
　　（例：ひざが痛くなってから10分は歩ける）
T3：痛みが緩和するような努力をしてから痛みが消失するまでの時間
　　（例：10分休むと痛みが消えた）

T1＝0，T2＝0の場合は急性期と同じ状態とし，積極的な運動は行わない
T1≠0，T2≠0，T3＜30分のような場合は運動の適応となる

●VAS：Visual Analog Scale●

痛みの程度を主観的に評価する方法であり，10cmの直線を引き，0cmがまったく痛みがない場合，10cmが最も激しい痛みとして，現在の痛みの程度を直線上に指で示す。

（2）身体アライメント

アライメントとは，頭部，体幹，四肢など，それぞれの体節の位置関係を表す。疼痛には，内科的疾患や機械的ストレスにより生じるものがあり，特に機械的ストレスは身体アライメントや動作に関連しているものが多くみられるため，これらの原因を明確にすることが重要となる。評価は静的，動的，および機能的アライメントを矢状面・前額面・水平面から必要に応じてそれぞれ実施する。参加者の同意が得られれば，写真を撮って比較することも有用である。

> ●静的アライメント●
> 外反膝（X脚）・内反膝（O脚），回内足・回外足，足関節内反・外反角，Q-角，偏平足，外反母趾，脊柱の前彎・後彎，肩甲骨の位置など

> ●動的アライメント●
> 動作分析：Squatting Test，歩行，前・後・側屈テスト，日常生活動作など

この他，疲労によりアライメントの異常（機能的アライメント）が出現することもあるので，日ごろから注意深く観察する。写真による評価例を図1-4に示す。

《例》
座っていると，上体がだんだん左に傾く。10分くらい歩くと，右足を引きずる。

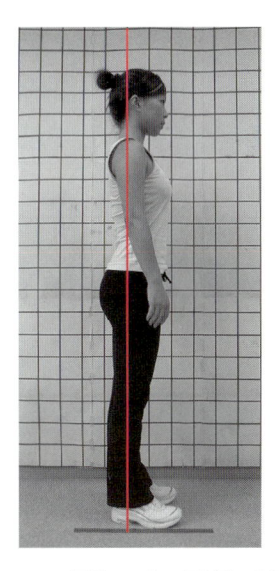

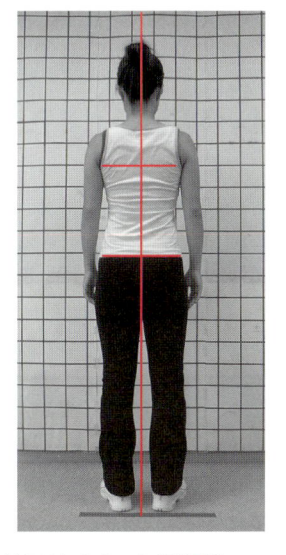

図1-4 写真による静的アライメント評価例

3．体力測定

表1-1に示す8種目，6要素からなる体力測定を実施し，どの要素が低下しているかを把握する。

➡実施方法は参考資料pp.89〜97を参照。

（1）測定の際の留意点

- 気持ちを和らげるような言葉がけを適宜行い，被測定者の緊張をできるだけ取り除くようにする。
- 測定の際は，被測定者に気持ちの準備を促し，ある程度，被測定者自身のタイミングで行えるよう配慮する。
- 測定は常にビジネスライク（同じかけ声，接し方）で実施する。

（2）体力測定の順序

① 握　力
② 開眼片足立ち時間
③ Timed up & go テスト
④ 通常歩行速度
⑤ 最大歩行速度
⑥ ひざ伸展筋力＊
⑦ 長座位体前屈
⑧ ファンクショナルリーチ

＊ひざ伸展筋力の測定は移動能力の測定の後に実施する。

表1-1　体力測定の8種目

種　　目	要　　素
握　　力	筋　　力
ひざ伸展筋力	
開眼片足立ち時間	静的バランス
ファンクショナルリーチ	動的バランス
長座位体前屈	柔　軟　性
Timed up & go テスト	複合動作能力
通常歩行速度	歩　行　能　力
最大歩行速度	

・測定に際し用意するもの：握力計，下肢筋力測定機器，ストップウォッチ，付箋紙，方眼紙，ものさし，長座位体前屈測定器，コーナーポスト，イスなど

4. 健康関連QOL（質問紙調査）

（1）SF-36*

　健康関連QOLとは，個人の健康に由来する事項に限定した概念であると定義されており，Medical Outcome Study Short-Form 36 Itemsは，包括的尺度をもった健康関連QOL尺度として，特に精神面での効用を判定するために使用する。質問は36項目，八つの下位尺度より構成されている。

*SF-36の使用にあたっては，NPO健康医療評価研究機構への使用登録が必要である。

（2）老研式活動能力指標

　老研式活動能力指標は，地域で自立した生活を営むうえで必要となる活動能力として，Basic ADLよりも上位水準にある活動能力を測定するために考案された指標であり，手段的自立，知的能動性，社会的役割の三つの下位尺度，13項目より構成される。

5. 個別サービス計画書の作成

　上記の1.～4.までを集約することにより，参加者の健康状態や身体的特徴を把握し，個別のサービス計画書を作成する。計画書には3カ月間の到達目標（表1-2）や運動プログラムなどを記載するとともに，参加者にも指導方針や目標を伝え，情報の共有化を図ることが大切である。

➡個別サービス計画書は参考資料p.87を参照。

表1-2　目標設定の例

	75歳　女性	78歳　男性
身体状況	ひざが痛く，長い距離を歩くことができない。	下肢－体幹筋力，バランス機能の低下。歩行時の転倒リスクが高い。
ニーズ	ひざの痛みを楽にしたい。1日30分くらい散歩ができるようになりたい。	転ばない体力をつけたい（転倒恐怖あり）。
指導方針・目標	大腿後面の柔軟性と下肢全体の筋力を向上し，ひざの痛みを緩和する。30分歩けるようになる。	下肢筋力と体幹の支持性を高め，歩行時の機能的バランスを改善する。不安なく歩けるようになる。

5 安全管理

1．緊急時の対応

　　緊急事態が発生した場合は沈着冷静に行動し，本人や周囲に不安が広がらないよう対応する。

- 緊急時対応のフローチャート（図1-5）を作成し定期的に訓練する。
- 医療機関の確保およびかかりつけ医を確認しておくとよい。
- 参加者の緊急時の連絡先を確認しておくとよい。

　➡AED（自動対外式除細動器）の導入を検討し，設置の場合は，スタッフが取り扱えるように定期的に訓練しておくことが必要である。

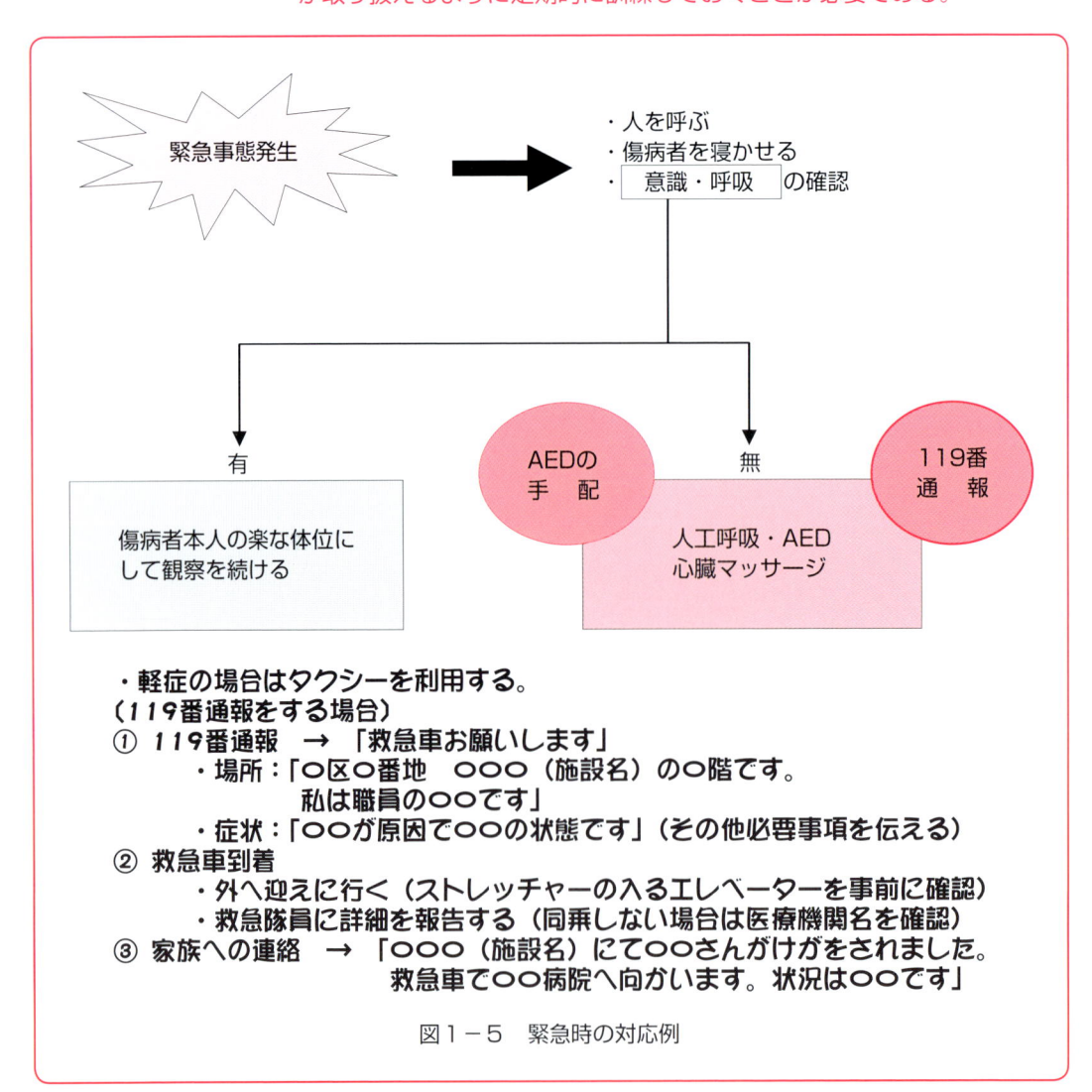

緊急事態発生 → ・人を呼ぶ
・傷病者を寝かせる
・ 意識・呼吸 の確認

有 → 傷病者本人の楽な体位にして観察を続ける

無 → AEDの手配／人工呼吸・AED 心臓マッサージ／119番通報

- 軽症の場合はタクシーを利用する。
（119番通報をする場合）
① 119番通報　→　「救急車お願いします」
　　・場所：「○区○番地　○○○（施設名）の○階です。
　　　　　　　私は職員の○○です」
　　・症状：「○○が原因で○○の状態です」（その他必要事項を伝える）
② 救急車到着
　　・外へ迎えに行く（ストレッチャーの入るエレベーターを事前に確認）
　　・救急隊員に詳細を報告する（同乗しない場合は医療機関名を確認）
③ 家族への連絡　→　「○○○（施設名）にて○○さんがけがをされました。
　　　　　　　　　　救急車で○○病院へ向かいます。状況は○○です」

図1-5　緊急時の対応例

2. 転倒の予防

　高齢者の転倒リスクは室内においても存在し，電気コードやストレッチマットなどのわずかな突起，参加者の履物（スリッパ，サイズの大きすぎる靴）などがその要因にあげられる。従事者は体力測定や運動プログラム全般において，転倒を未然に防ぐよう心がけるとともに，参加者へは運動靴を持参するよう伝える。

3. 体調の確認

　高齢者の体調は日々変化する。従事者は参加者の運動前・中・後における状態を観察・確認し，安全の確保に努める。

表1-3　運動前の状態チェックにおける中止基準

- 安静時に収縮期血圧180mmHg以上，または拡張期血圧110mmHg以上の場合
- 安静時脈拍数が110拍以上，または40拍以下の場合
- いつもと異なる脈の不整がある場合
- 関節痛，腰痛など慢性的な症状の悪化
- その他，体調不良などの自覚症状を訴える場合

出典）厚生労働省：運動器の機能向上マニュアル

　運動中はバルサルバ効果＊の出現に留意するとともに，参加者の表情や兆候（顔面蒼白，冷や汗，吐き気，脈拍など）を観察し，状態にかかわらず安静を優先する。

＊筋力トレーニングなどで力を発揮するとき，いきむことにより血圧が上昇し，呼気時には副交感神経の刺激により血圧・心拍数が低下する現象。

●AED●

automated external defibrillatorの略。胸に電極パッドを装着し，心臓のリズムから，電気的ショックが必要か否かを解析するコンピュータ化された医療機器。電気的ショックが必要な場合，音声で操作方法が指示されるため，救助者に医学知識がなくてもスムーズに除細動を実施できる。電源はバッテリーで，約5年寿命の使い捨て方式である。解析の信頼性はとても高く，臨床的評価によって，除細動器としての安全性・有効性が確認されている。

❻ トレーニングプログラムの標準

1. 人員

利用者数はスペースや従事者の数によっても異なるが，標準的には表1-4のようになる。

表1-4　標準的なトレーニングプログラムの規模

- 運動スペース　　80m²以上
- 従事者数　　　　3名
- 参加人数　　　　10～12名

2. 運動に必要な備品

- ストレッチ用マット
- バランスパッド
- イス（安定性のあるもの）
- 日本手ぬぐい
- ダンベル
- チューブ　など

3. ねらいとする体力要素

健康の維持・増進に重要とされる体力は心肺持久力，筋力・筋持久力，柔軟性，調整力（平衡性，敏捷性）などとされており，これらをバランスよく高められるようなトレーニングプログラムを作成する。

本書は表1-5に示す体力要素を主体としたプログラムより構成している。

表1-5　体力要素に適するトレーニングプログラム

要素	内容	
柔軟性	（静的・動的）	ストレッチング
筋力・筋持久力	（自重・ダンベル）	筋力トレーニング
調整力《平衡性》《協調性》	（静的・動的）	バランストレーニング 機能的トレーニング

4. プログラムの期分けとねらい

　　トレーニングプログラムは参加者の身体機能や体力の状態に合わせて進めるが，基本的には，初めの1カ月間は身体を慣らしていくことを目的に軽度のトレーニングを行う。2カ月目からは運動器の機能向上を目指して中等度のトレーニングを行う。

コンディショニング期　〈約1カ月〉

- 運動器の機能向上の意義，方法，効果などを理解する。
- 筋・腱・関節などを運動に慣らしていく。
- 筋力トレーニングの基礎的技能であるフォーム，スピード，呼吸法を習得する。

↓

運動器の機能向上期　〈約2カ月〉

- 中等度以上の負荷強度を用い，筋力強化を図る。
- 体幹－下肢の協調動作を安定させ，生活機能の向上を図る。
- 自立してトレーニングが行えるよう，正しい運動方法を学習する。

図1-6　各期の主なねらい

5．時間配分・頻度

1回のトレーニングはおおよそ図1-7に示す内容にて約80分行う。

時期が進むにつれて，個別に運動量・強度ともに漸増し，80分間の時間配分も適宜変更する。また，トレーニングは筋肉が元の状態より強くなる（図1-8）タイミングで実施するのが効果的であることから，1週間に2～3回の頻度が適当である。

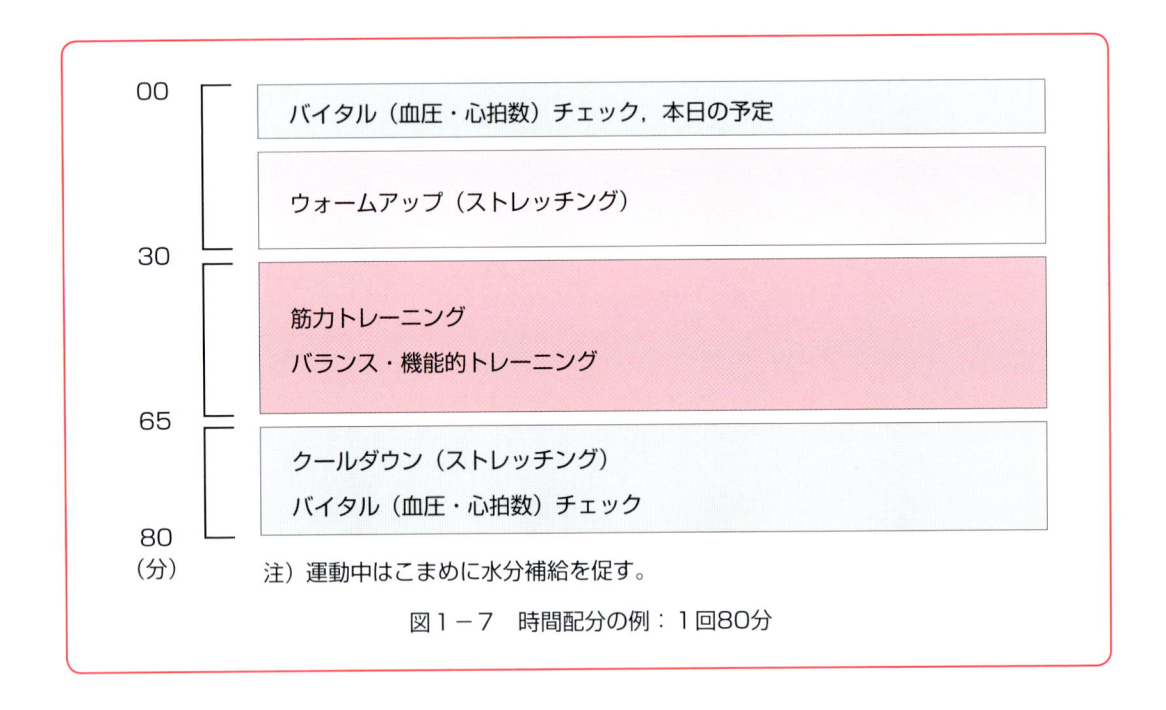

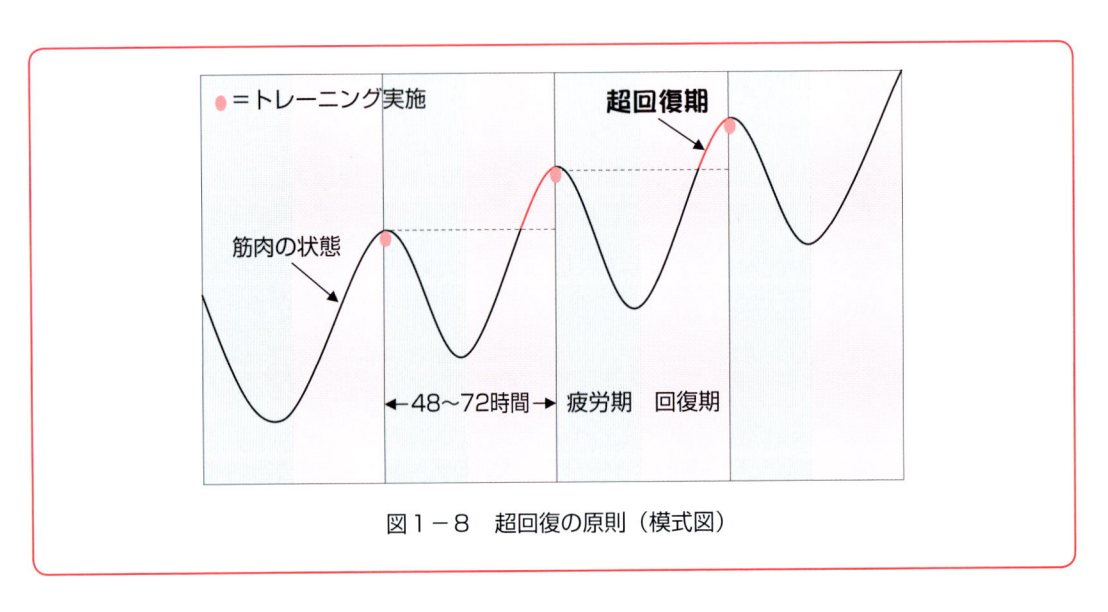

時間（分）	内容
00～	バイタル（血圧・心拍数）チェック，本日の予定
	ウォームアップ（ストレッチング）
30～	筋力トレーニング バランス・機能的トレーニング
65～	クールダウン（ストレッチング） バイタル（血圧・心拍数）チェック
80	

注）運動中はこまめに水分補給を促す。

図1-7　時間配分の例：1回80分

図1-8　超回復の原則（模式図）

6. 運動強度の確認

参加者にとって運動が過度なものにならないよう，常に注意を払う。運動の強さの確認は，自覚的に感じる身体的負担の程度を示す運動強度の指標であるRPE（rating of perceived exertion）尺度（図1-9）を用いるのが一般的である。運動中は11～13をおおよその目安とし，「つらい」と感じたら強度を下げるか，もしくは中止して状態を確認する。

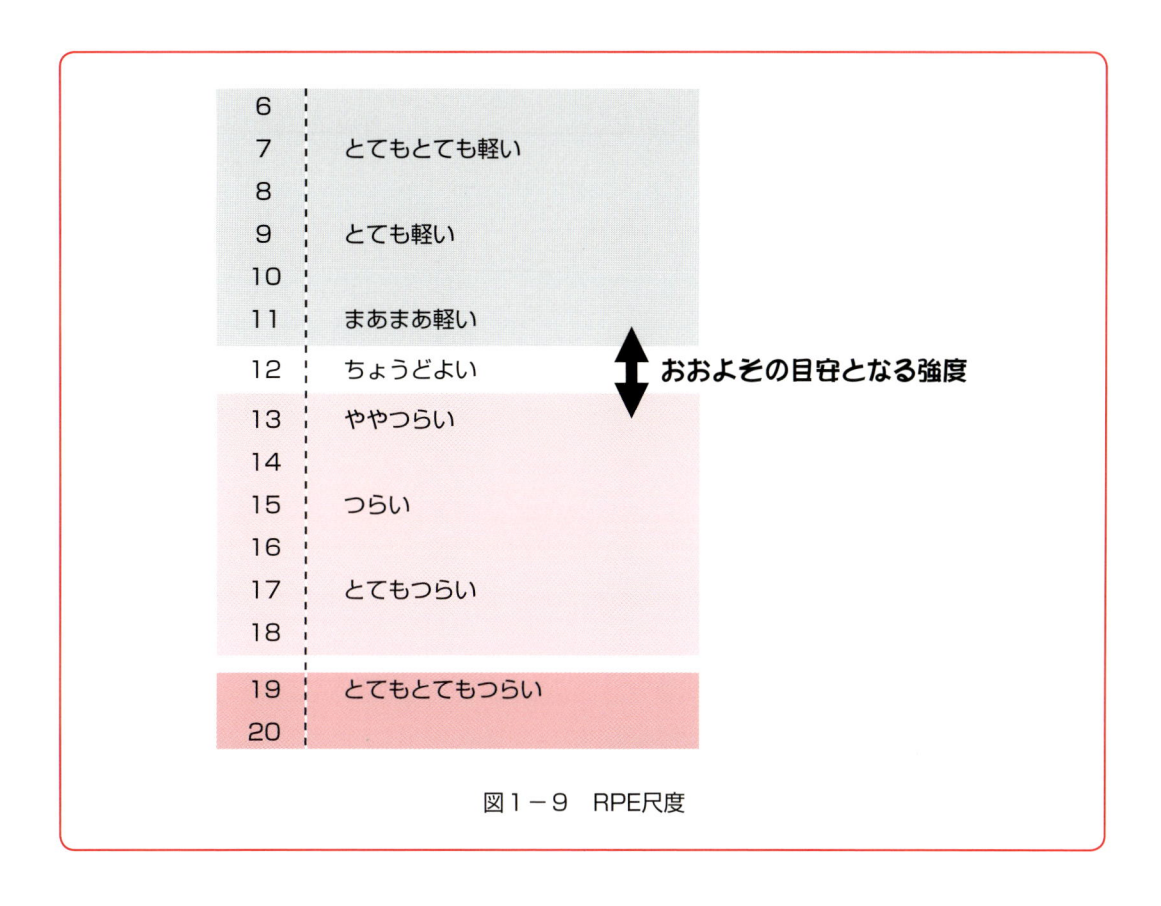

6	
7	とてもとても軽い
8	
9	とても軽い
10	
11	まあまあ軽い
12	ちょうどよい
13	ややつらい
14	
15	つらい
16	
17	とてもつらい
18	
19	とてもとてもつらい
20	

↕ おおよその目安となる強度

図1-9　RPE尺度

7. コンディショニング期のプログラム例

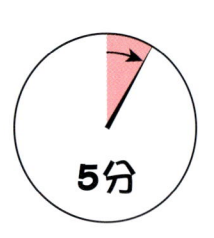

5分
- ●バイタルチェック
  （血圧，心拍数）
- ●本日の予定

＊筋肉痛や新たな痛み，疲労感

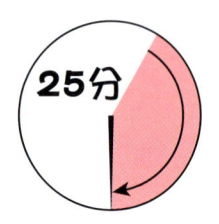

25分
- ●ウォームアップ
  ◆ストレッチング

＊ウォームアップの最後に，全
1. 筋の緊張をほぐし運動を無
2. 伸ばしたり動かしたりする
3. 呼吸を合わせながら，スト

p.29　　p.29

p.43 　　p.44 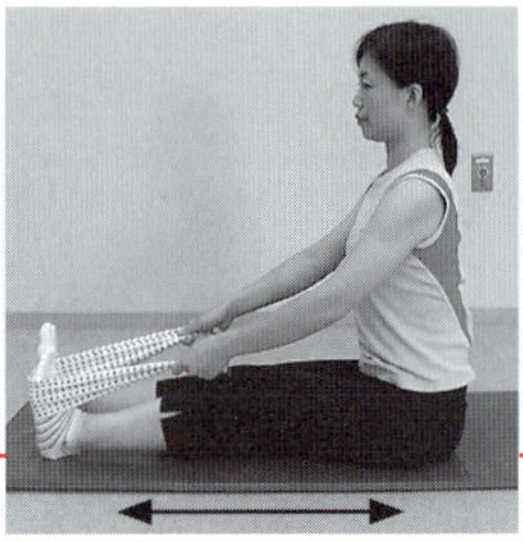　　p.39

姿勢変換　床座位→仰臥位

p.35　　p.35

員で深呼吸を2～3回行い，忘れずに水分を補給する。
理なくスムーズに行えるように調整する。
部位を一つ一つ確認しながら進める。
レッチしている部位を意識する。

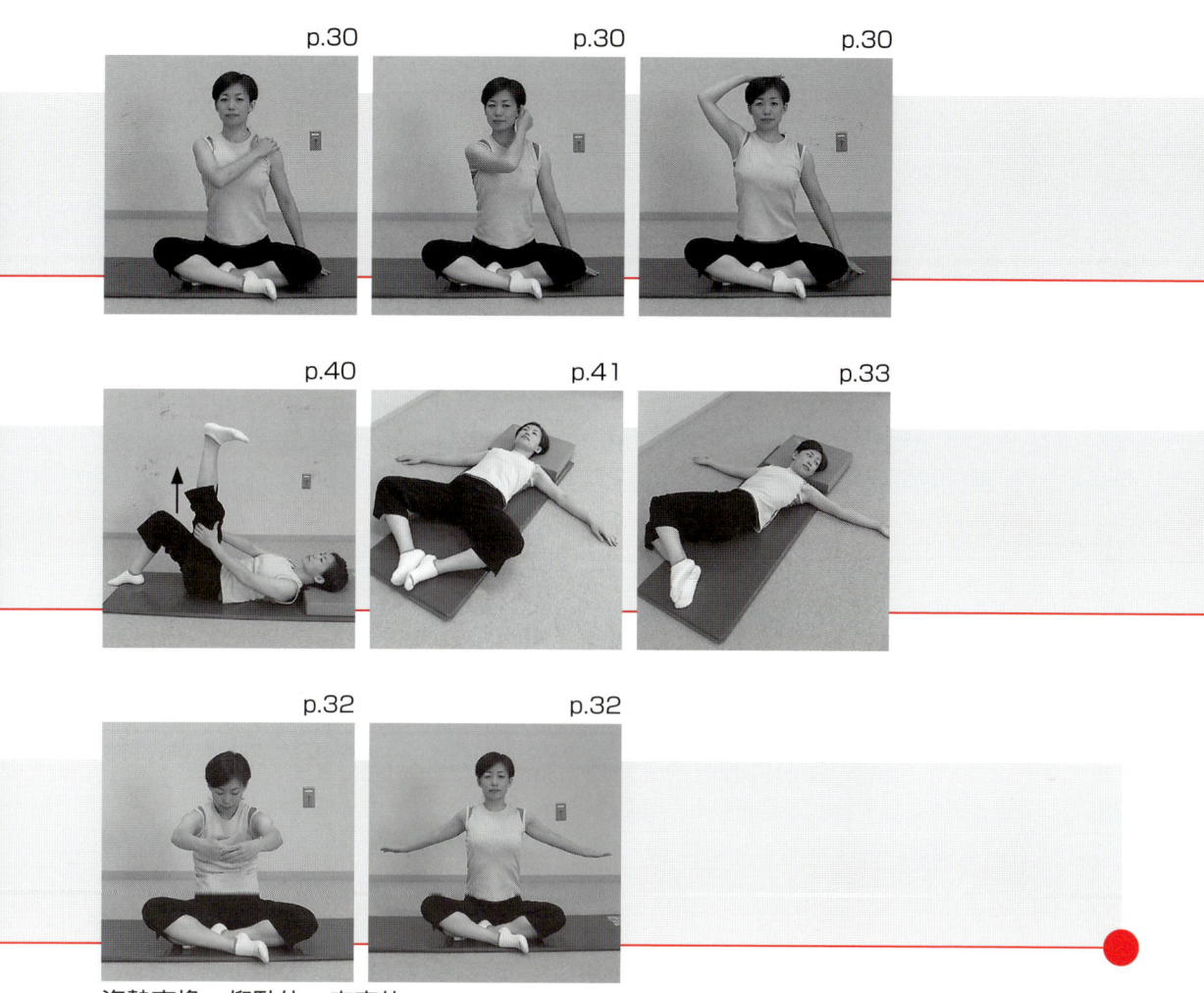

p.30　　　　　p.30　　　　　p.30

p.40　　　　　p.41　　　　　p.33

p.32　　　　　p.32

姿勢変換　仰臥位→床座位

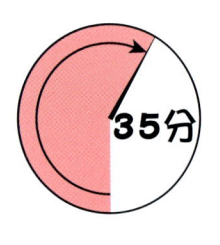

35分

●主 運 動
　◆骨盤の可動性を高める運動
　　腹圧を高める運動
　◆筋力トレーニング

＊主運動の最後に，全員で忘れ
1．正しい動きや姿勢を意識し

1．各種目，腹圧を高めて体幹
2．主に力を入れる部位を一つ
3．呼吸を合わせながら一連の
4．トレーニングしている部位
5．ダンベルやチューブを使用

p.52　　　p.52 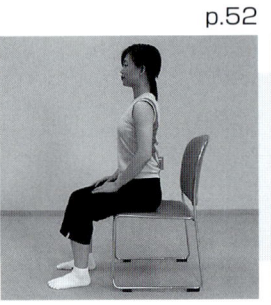　　　p.52

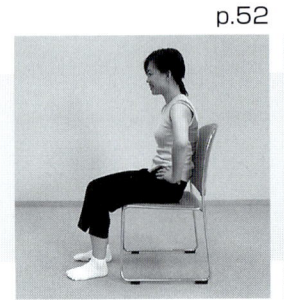

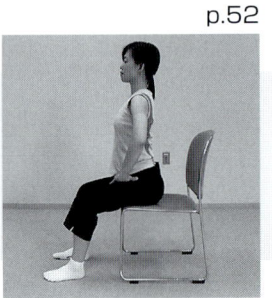

◆骨盤の可動性を高める運動

p.55　　　p.60 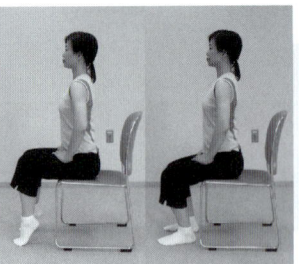　　　p.62

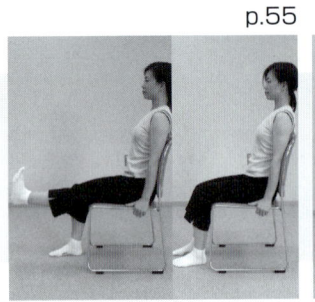

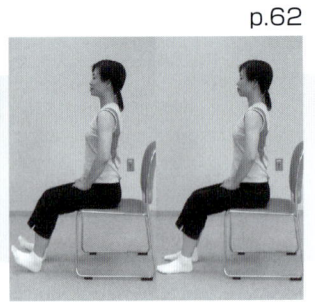

◆筋力トレーニング

p.75　　　p.77

ずに水分を補給する。
て動く習慣を習得するために，毎回繰り返し行う。

安定させた状態で行う。
一つ確認しながら進める。
動作を同じリズムで繰り返す。
をしっかり意識して行う。
するときには，必ず取扱い方法を説明し，けがのないよう配慮する。

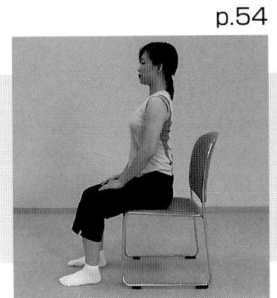

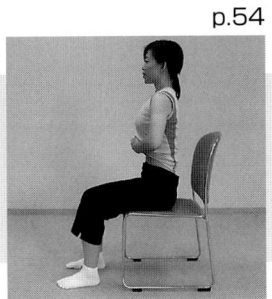

p.54　　　p.54

◆腹圧を高める運動

p.64　　　p.70

10分

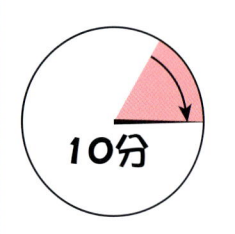

●クールダウン
　◆ストレッチング

＊クールダウンの最後に，深呼
1．主に使用した筋をゆっくり

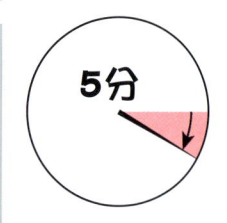

p.39　　　p.42　　　p.37

5分

●バイタルチェック
　（血圧，心拍数）

吸を2～3回行う。
と伸ばし，心身ともにリラックスした状態で終了する。

p.33　　　　　　　p.32　　　　　　　p.32

姿勢変換　イス座位→床座位

8. 運動器の機能向上期のプログラム例

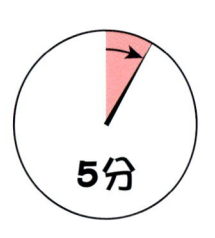

5分
- ●バイタルチェック（血圧，心拍数）
- ●本日の予定

＊筋肉痛や新たな痛み，疲労感

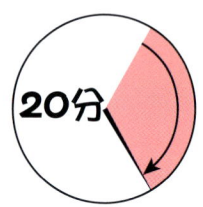

20分
- ●ウォームアップ
  - ◆ストレッチング

＊ウォームアップの最後に，全
1. 心身の緊張をほぐし，主運
2. 呼吸を合わせながらスト

p.29　　p.29　　p.31

p.42　　p.39　　p.40

姿勢変換　床座位→仰臥位

p.34　　p.38　　p.45

姿勢変換　床座位→立位（転倒に注意）

6　トレーニングプログラムの標準　21

などの確認。

員でイスに腰掛け深呼吸を2〜3回行い，忘れずに水分を補給する。
動への準備をする。
レッチしている部位を意識する。

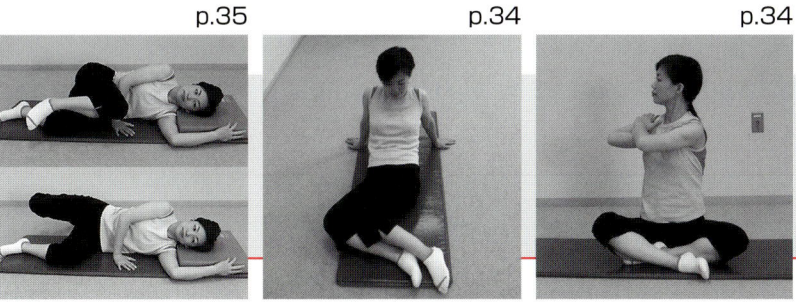

p.31　　　　　p.32　　　　　p.32

p.35　　　　　p.34　　　　　p.34

姿勢変換　仰臥位→床座位

p.45

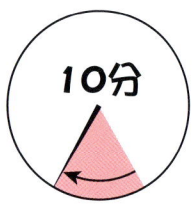

10分

●バランス・機能的トレーニング
　◆重心の移動
　　ニーベントウォーク
　　バランスパッド

＊バランス・機能的トレーニン
1．腹圧を高めた状態を意識し
2．ひざを曲げて荷重するとき
3．バランスパッドなどを使用

p.82　　p.83

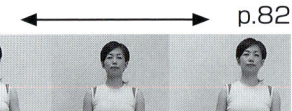

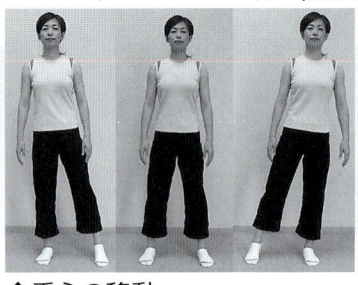

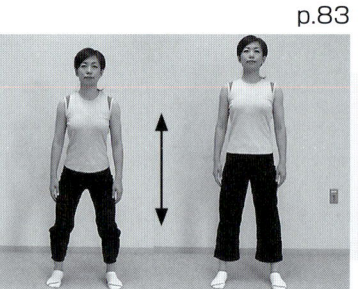

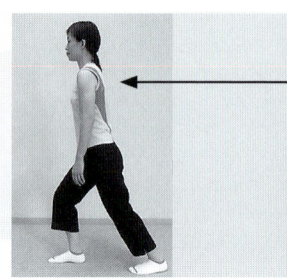

◆重心の移動

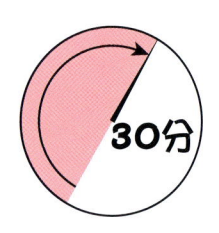

30分

●主　運　動
　◆筋力トレーニング

＊主運動の最後に，全員で忘れ
1．各種目，腹圧を高めて体幹
2．立位で行う種目は転倒に留
3．主に力を入れる部位を一つ
4．呼吸を合わせながら一連の
5．正しい姿勢を保持しながら
6．ダンベルやチューブを使用

p.57

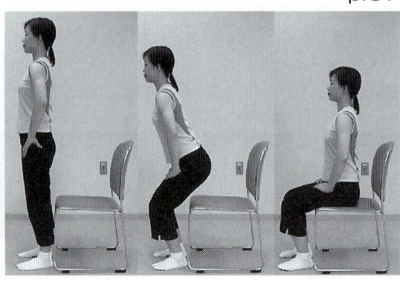

p.65 　　p.66 　　p.70

6 トレーニングプログラムの標準　23

グの最後に，全員で忘れずに水分を補給する。
て行う。
はひざの向きに注意し正しい動きを身につける。
するときは，特性などを簡単に説明し恐怖感をもたないよう配慮する。

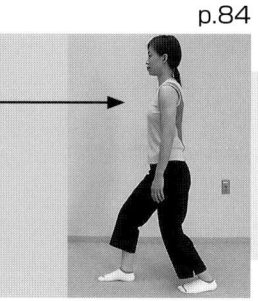

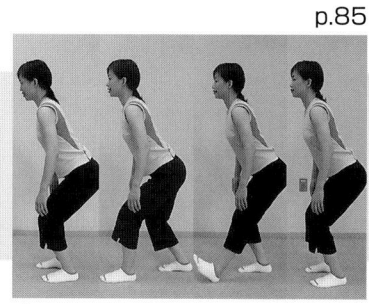

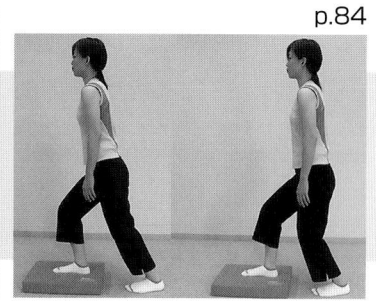

p.84　　　　　　　　　　p.85　　　　　　　　　　p.84

◆ニーベントウォーク　　◆バランスパッド

ずに水分を補給する。
安定させた状態で行う。
意する（安定した床面で行う）。
一つ確認しながら進める。
動作を同じリズムで繰り返す。
トレーニングしている部位をしっかり意識して行う。
して行う場合も動きをコントロールしながら一定のリズムで行う。

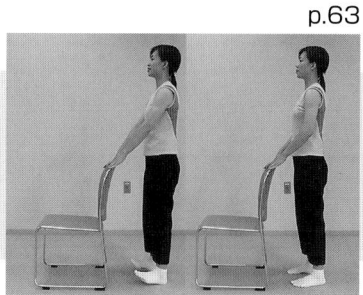

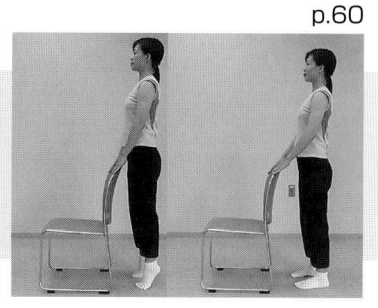

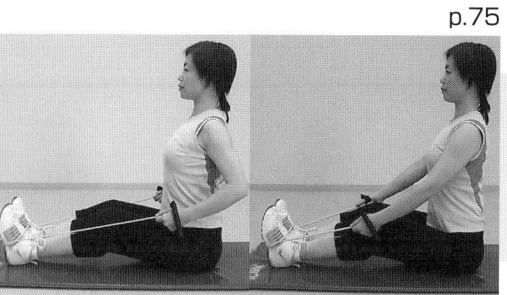

p.58　　　　　　　　　　p.63　　　　　　　　　　p.60

p.68　　　　　　　　　　p.75

24　第1章　運動器の機能向上概要

p.78　　　　　　　　　　　p.80

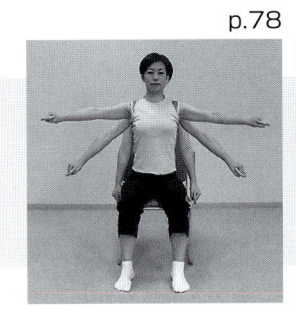

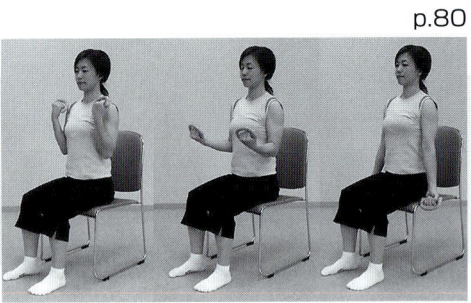

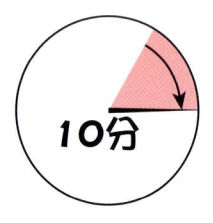

10分

●クールダウン
　◆ストレッチング

＊クールダウンの最後に，深呼
1．トレーニングで疲労した筋
　　い状態に戻していく。
2．緊張した心を和らげる。

p.39　　　　p.40 　　　　p.41

p.34 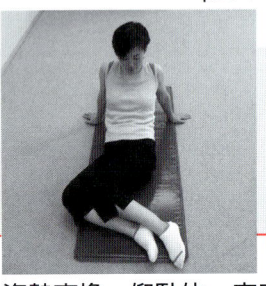　　　　p.43

姿勢変換　仰臥位→床座位

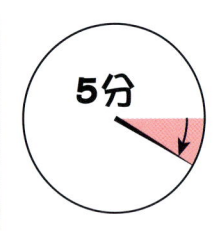

5分

●バイタルチェック
　（血圧，心拍数）

6 トレーニングプログラムの標準　25

吸を2〜3回行う。
肉をゆっくり伸ばすことで，リラックスさせ，疲労を取り除き，身体が本来もっているよ

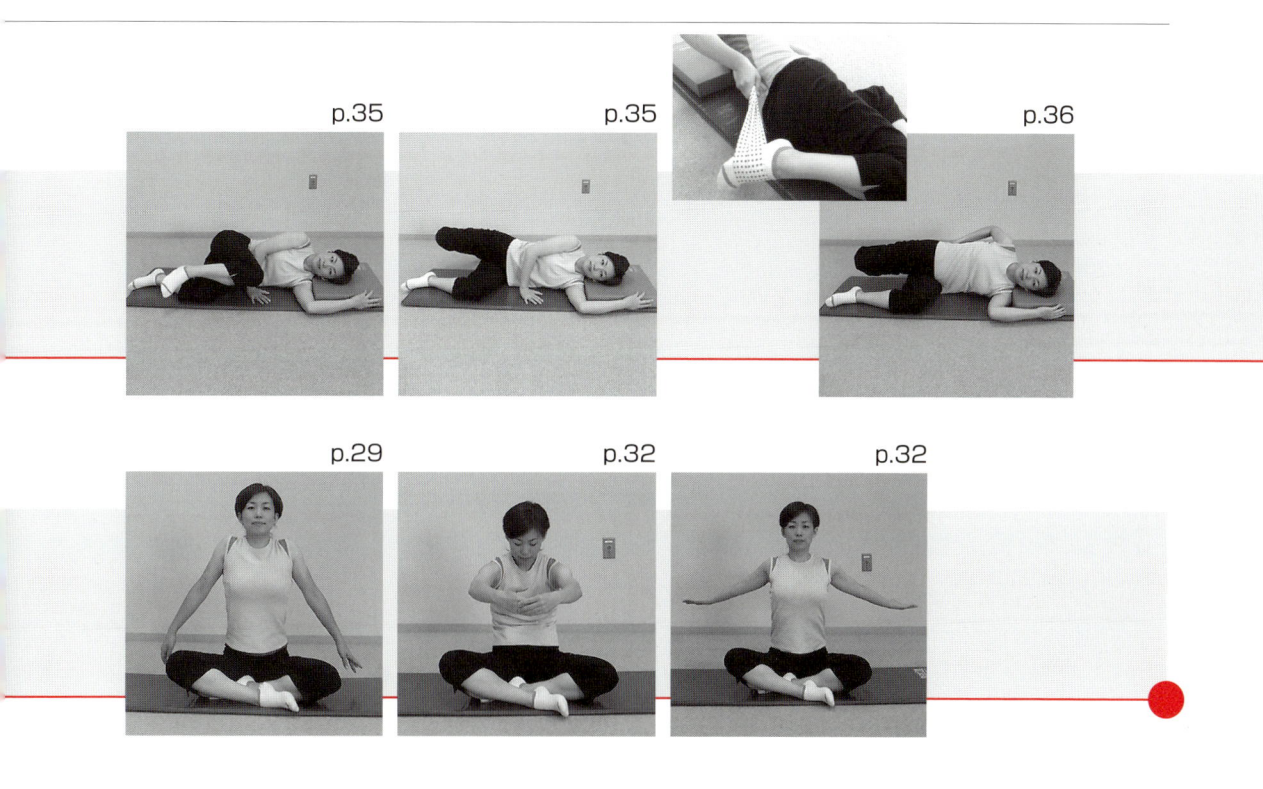

p.35　　　　　p.35　　　　　　　　　　　p.36

p.29　　　　　p.32　　　　　p.32

【参考文献】

1) Fiatarone, M. A., *et al.*：High-intensity strength and training in nonagenarians. Effects on skeletal muscle, *JAMA*, **263**, 3029〜3034 (1990)
2) Charette, S.L., *et al.*：Muscle hypertrophy response to resistance training in older women, *J. Appl. Physiol.*, **70**, 1912〜1926 (1991)
3) 佐竹恵治, 他：要介護高齢者に対する筋力トレーニングの効果, 北海道公衆衛生学雑誌, **18**, 34〜42 (2004)

第 2 章

準備体操（ストレッチング）

1 準備体操（ストレッチング）を行うにあたって

1. 目的

　廃用症候が進行している虚弱な高齢者は筋の力だけではなく，弾力性も著しく低下していることが予想される。そのため，主運動の前には準備体操を行い，筋温の上昇を促すことで障害を予防することが重要になる。また，主運動の後は筋肉中に疲労物質が蓄積し，筋肉痛が誘発されるため，整理体操により疲労物質を取り除くことが必要である。

2. 実施上の留意点

- 参加者の柔軟性に見合ったバリエーションを選択する。
- 呼吸を止めないで実施する。
- ストレッチしている部位を意識する。
- ほどよく伸ばしているところで姿勢を保持し，痛みのない範囲で行う。

3. 姿勢保持が困難な参加者には

　さまざまな身体的な理由で座位・仰臥位などの姿勢が困難な参加者には以下の方法で対応する。

（1）座位が困難な場合

座布団などを利用する

バランスボールを利用する

（2）仰臥位が困難な場合

参加者のアライメントに応じて座布団などの枚数を調整する

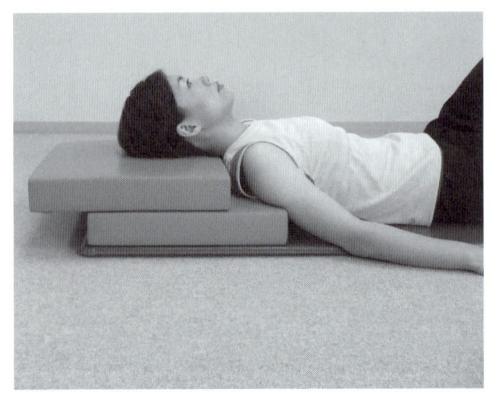

❷ 部位別種目

1. 肩と肩周囲のストレッチ

（1）肩の挙上・下制ストレッチ
作用する筋：僧帽筋

難易度：★☆☆

- 両肩を耳につけるイメージで肩の上げ下ろしを行う。
- ＊5回行う。

Point
- 肩の腱板を痛めないように肩はゆっくり下ろす。

（2）肩の回旋ストレッチ（後ろ回し）
作用する筋：僧帽筋

難易度：★★☆

- 両肩をもち上げ，後ろに回す。
- ＊5回行う。

Point
- 肩甲骨を内側に寄せ徐々に大きく肩を回す（5回）。

（3）肩周囲のストレッチ

作用する筋：三角筋

難易度：★☆☆

- 肩，耳，頭の上などを触りながら，肩の周囲を動かす。左右行う。
- ＊左右2回ずつ行う。

Point

- 徐々に肩の可動範囲が大きい動作へと移行する。

（4）肩の内外旋ストレッチ

作用する筋：肩甲下筋・棘下筋

難易度：★★☆

- 両ひじをおなかの横にし，肩の内旋，外旋動作をゆっくりと行う。
- ＊10回行う。

Point

- 両腕を開くときに肩甲骨を内側に引き寄せるイメージで行う。

（5）肩の外転ストレッチ

作用する筋：三角筋・棘上筋

難易度：★★☆

- 両手の指先を肩にのせて，両ひじを横に上げ，下ろす。
- ＊5回行う。

Point

- 肩の力を抜き，リラックスして行う。

2．胸部・背部のストレッチ

（1）大胸筋のストレッチ
作用する筋：大胸筋

難易度：★☆☆

● 肩を後方に引きながら胸を張る。できるだけ，肩甲骨を内側に寄せるように行う。
＊10秒×2回行う。

Point
● 両手を開くときは手のひらを上に向けて行う。

（2）広背筋のストレッチ
作用する筋：広背筋

難易度：★☆☆

● 腕の前で両手を組み，おへそをのぞき込むようにしながら背中を丸くする。
＊10秒×2回行う。

Point
● 肩甲骨を外側に広げるように行う。

3．体側のストレッチ

（1）イスを使った体側のストレッチ

作用する筋：内腹斜筋・外腹斜筋

難易度：★★☆

- 片手でイスの端をつかみ反対のひじを上に上げながら体側を伸ばす。左右行う。
- ＊左右10秒×2回行う。

Point

- イスからお尻が離れないようにする。

（2）体側のストレッチ（仰臥位）

作用する筋：内腹斜筋・外腹斜筋

難易度：★★☆

- 両膝を立て，両足をそろえた状態から両ひざをゆっくりと倒す。反対方向も行う。
- ＊左右10秒×2回行う。

Point

- 両肩がマットから離れないようにし，顔は反対側に向ける。

（3）体側のストレッチ

作用する筋：内腹斜筋・外腹斜筋

難易度：★★☆

- 上体を後ろに倒して，両腕で身体を支える。両ひざを曲げた状態から左右に倒す。
- ＊左右10秒×2回行う。

Point

- 両足はそろえ，両ひざは深く曲げて行う。

（4）体幹の回旋ストレッチ

作用する筋：内腹斜筋・外腹斜筋など

難易度：★★★

- 胸の前で腕を組み，上体をひねり斜め前を向くようにする。左右行う。
- ＊左右10秒×2回行う。

Point

- 目線の位置を変えて段階的に行う。

4. 太もも前側のストレッチ

（1）股関節の屈曲・伸展ストレッチ

作用する筋：大腿直筋・腸腰筋

難易度：★★☆

- 横向きになり，両ひざは軽く曲げた状態で上の足をゆっくりと前方・後方に動かし股関節の屈曲，伸展運動を行う。左右行う。
- ＊屈曲・伸展を5回ずつ行う。

Point

- 上の手は床を押さえ，身体を安定させて行う。

（2）大腿四頭筋のストレッチ

作用する筋：大腿四頭筋

難易度：★★☆

- 足首にタオルをかけてつかみ，かかとをお尻に近づけるように引く。左右行う。

＊左右10秒×2回ずつ行う。

Point

- 股関節伸展位を保ちながら行う。

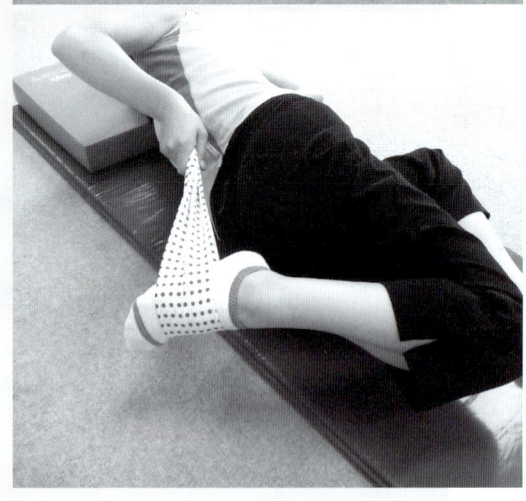

（3）イスを使った股関節の伸展ストレッチ

作用する筋：大腿直筋・腸腰筋

難易度：★★☆

- イスに対して横向きになり，背もたれをつかむ。イスからはみ出したほうの足を後ろへ引く。左右行う。

＊左右10秒×2回行う。

Point

- 足先ではなくもものつけ根から後ろに引くようにする。

（4）大腿四頭筋のストレッチ（立体）

作用する筋：大腿四頭筋

難易度：★★★

- 片手でイスの背などの支持物を押さえ、片ひざを曲げ足をつかむ。左右行う。
  * 左右10秒×2回ずつ行う。

Point

- 足をつかめない場合はタオルを使って行う。バランスをくずしやすいので、転倒に注意する。

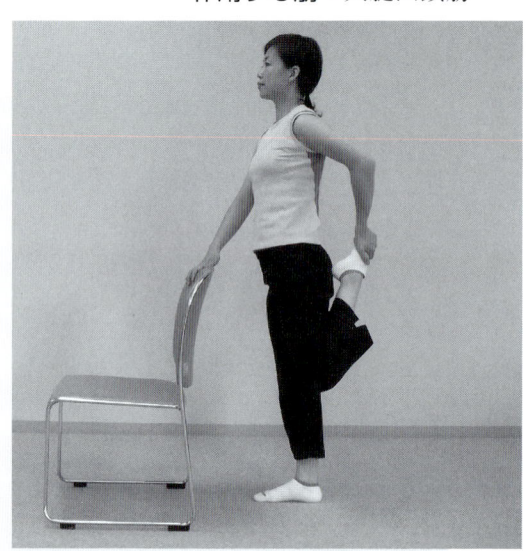

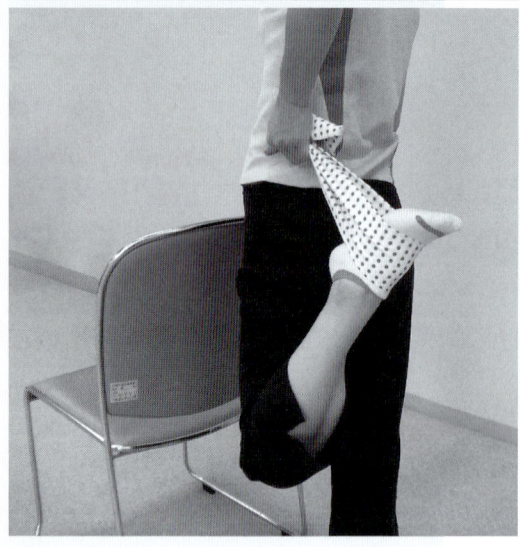

5. 臀部・太もも後側のストレッチ

（1）大臀筋のストレッチ

作用する筋：大臀筋

難易度：★★☆

- 仰臥位で両ひざを曲げ，片足を胸のほうへ引き寄せる。左右行う。
- ＊左右10秒×2回ずつ行う。

Point

- 人工股関節の参加者は過度に屈曲しないよう注意する。

（2）イスを使ったハムストリングスのストレッチ

作用する筋：ハムストリングス

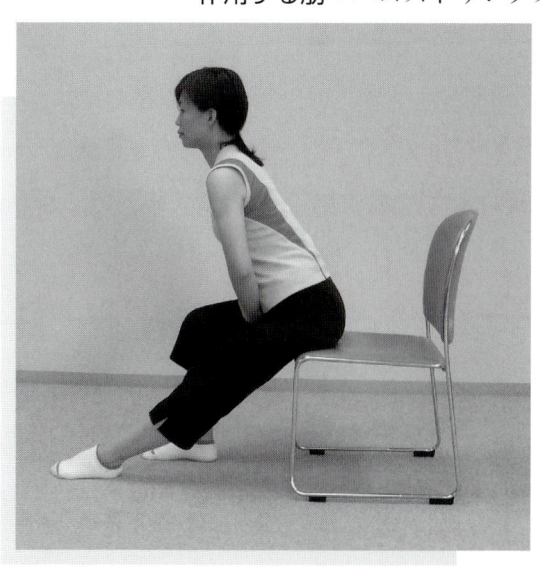

難易度：★☆☆

- イスに浅く腰掛けて片足を伸ばし，両手はもう一方にのせる。手で身体を支えながら上体を徐々に前傾させる。左右行う。
- ＊左右10秒×2回行う。

Point

- 伸ばしている足のつま先を上げると下腿後面全体がストレッチされる。

（3）ハムストリングスのストレッチ

作用する筋：ハムストリングス

難易度：★★☆

- 仰臥位で両ひざを曲げた状態から片方の足裏を天井に押しつけるようにし，ひざを伸ばす。左右行う。

＊左右10秒×2回ずつ行う。

Point

- ひざは軽度屈曲位でかまわない。

6. 股関節周囲のストレッチ

（1）股関節の内外旋ストレッチ

作用する筋：股関節内旋・外旋筋群

難易度：★☆☆

●足を腰幅に広げ，仰向けの状態から足先を内・外に回旋する。

Point

●足の力を抜き，リラックスして行う。

（2）股関節内転筋のストレッチ

作用する筋：股関節内転筋

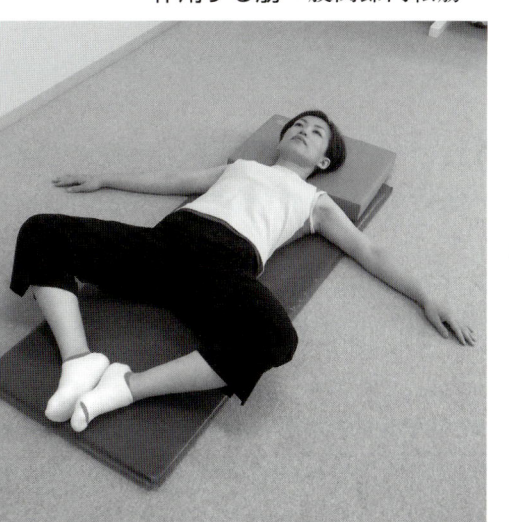

難易度：★★☆

●仰臥位で両ひざを曲げた状態から足裏を合わせながらゆっくりと両ひざを開く。股関節・腰をリラックスして行う。
＊10秒×2回行う。

Point

●人工股関節の参加者は十分に注意する。

（3）イスを使った股関節内転筋群のストレッチ

作用する筋：股関節内転筋群

難易度：★★☆

- ひざとつま先を同じ向きにして足を開き，両手でひざを外側に開くように押す。

＊10秒×2回行う。

Point

- 背中をまっすぐに保ちながら行う。

（4）股関節の内外旋ストレッチ（両ひざ倒し）

作用する筋：股関節内旋・外旋筋群

難易度：★★☆

- 両ひざを立て，足を腰幅に広げた状態から両ひざを倒す。左右交互に行う。

＊左右5回ずつ行う。

Point

- おへそを真上に向けたまま，股関節から回すように行う。人工股関節の参加者は十分に注意する。

7. 下腿のストレッチ

（1）ヒラメ筋のストレッチ

作用する筋：ヒラメ筋

難易度：★☆☆

- 足裏にかけたタオルを，両手で引き寄せる。左右行う。
- ＊左右10秒×2回ずつ行う。

Point

- タオルは母趾球にかけ，足から外れないようにする。

（2）下腿三頭筋のストレッチ

作用する筋：下腿三頭筋

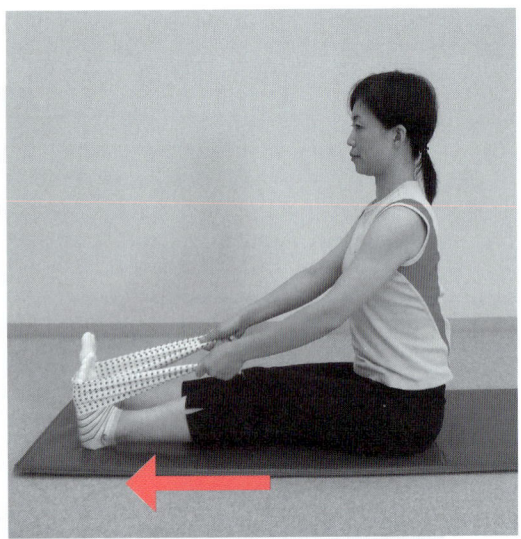

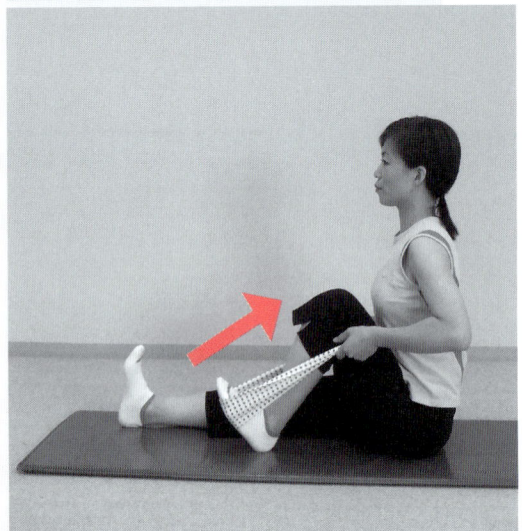

難易度：★★☆

- （1）ヒラメ筋のストレッチの状態から太ももに力を入れながらひざを伸ばし，元に戻す。左右行う。
- ＊左右3回ずつ行う。

Point

- かかとは床につけたまま行う。ひざがカクンと伸びないように静かに伸展位をとる。

（3）下腿三頭筋のストレッチ（立位）

作用する筋：下腿三頭筋

難易度：★★★

- 足を前後に開き，前のひざを曲げながら，上体を前に傾ける。左右行う。
- ＊左右10秒×2回ずつ行う。

Point

- つま先は正面に向け，かかとをつけたまま行う。イスや支持物を使い転倒しないように行う。

（4）ヒラメ筋のストレッチ（立位）

作用する筋：ヒラメ筋

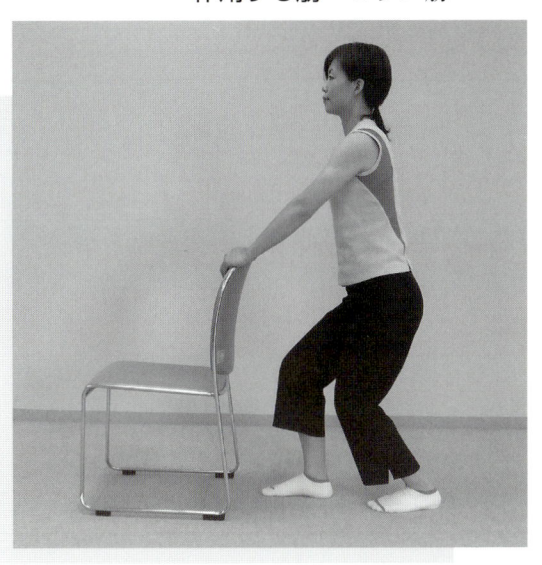

難易度：★★★

- （3）下腿三頭筋のストレッチ（立位）の姿勢から後ろ足を半歩前にして，両ひざを軽く曲げる。左右行う。
- ＊左右10秒×2回ずつ行う。

Point

- ひざを曲げながら少しずつ後ろ足に体重をのせる。

第3章

筋力トレーニング

1 使用する器具

1. ダンベル

負荷が数量化されているため強度の調節が容易である。取り扱い時は落下事故に十分注意する。

2. チューブ

ゴムの張力による負荷のため強度の把握が困難だが、さまざまな肢位でのトレーニングが可能である。断裂事故を防止するため、ゴムの亀裂や傷などの状態をトレーニング前に確認する。

3. イ　ス

安定性のあるものを選択する。キャスターつきのものや折りたたみ式のものは使用しない。

4. マット

床でのトレーニングの際に使用する。ただし、床の材質によっては必要としない場合もある。

5. その他

座布団やクッション。参加者によっては背面や座面に必要とする場合があるので、用意しておくと便利である。

48 第3章 筋力トレーニング

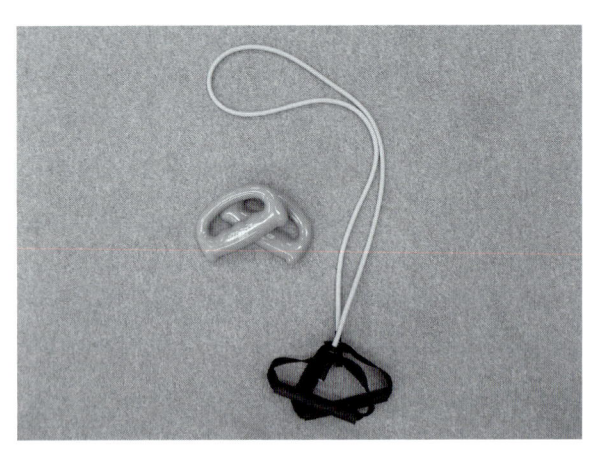

ダンベル・チューブ

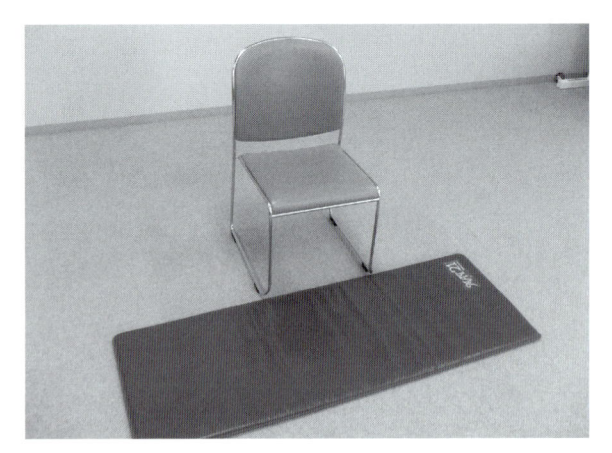

イス・マット

座布団・クッション

2 負荷の調節

　身体のそれぞれの部位について難易度別に種目を紹介する。簡単なものから始めて徐々に難易度を上げていくとよいだろう。ダンベルやチューブを使用する種目については，所定の回数をできるようになったらそれぞれ重いもの，張力の強いものに変えてトレーニングを継続するとよい。

さまざまな重さ，張力のものがある

ダンベル数種

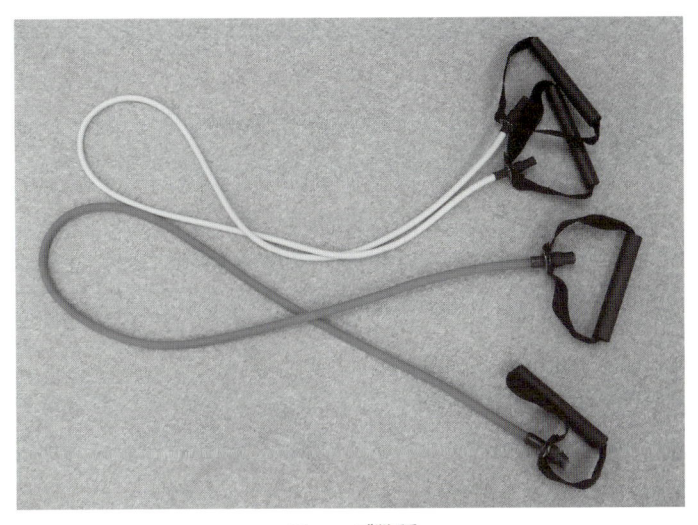

チューブ数種

❸ トレーニングを開始する前に……

1. 骨盤の可動性を高めるトレーニング

　　　　参加者のなかには骨盤の可動性が低下し，過度な前傾位・後傾位になっている人が少なくない。そのような状態で筋力トレーニングを行うとさまざまな障害につながりかねない。
　そこで，骨盤の前・後傾運動を行い，その可動性を高め，中間位を確保して安全にトレーニングできるようにする必要がある。

腰を床から離し，背中のアーチを高くしていくイメージで行う

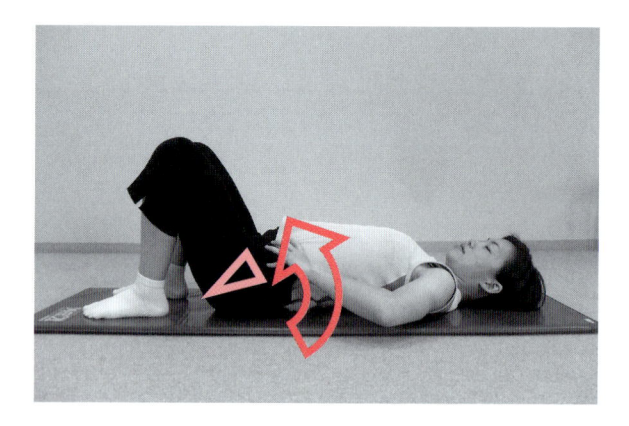

骨盤前傾位

腰を床に押しつけるようにしてできるだけ背中のアーチをつぶしていくイメージで行う
＊それぞれ肩や足の力は抜いて，無理のない範囲で行う

骨盤後傾位

前傾位，後傾位のちょうど中間位をいつでも確保できるようにする
＊腰に不安のある場合は骨盤の大きな動作はさけ，中間位の確保のみ行うとよい。

骨盤中間位

イス座位でも同じように行う

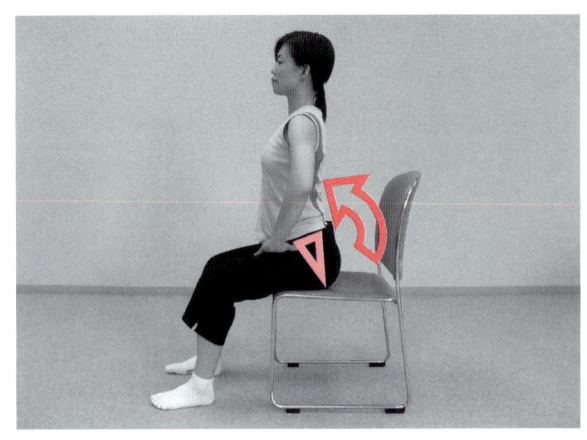

座位前傾位

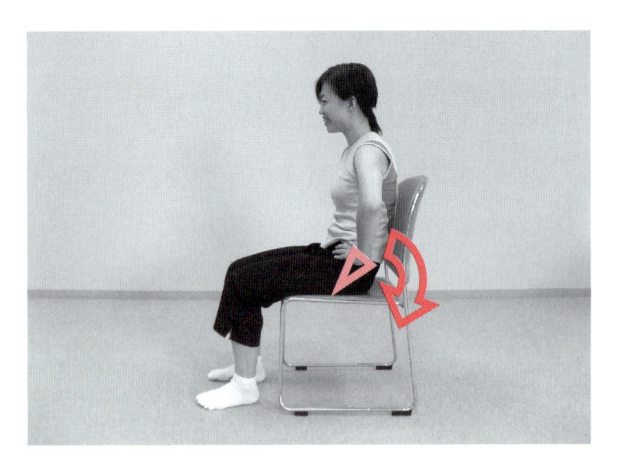

座位後傾位

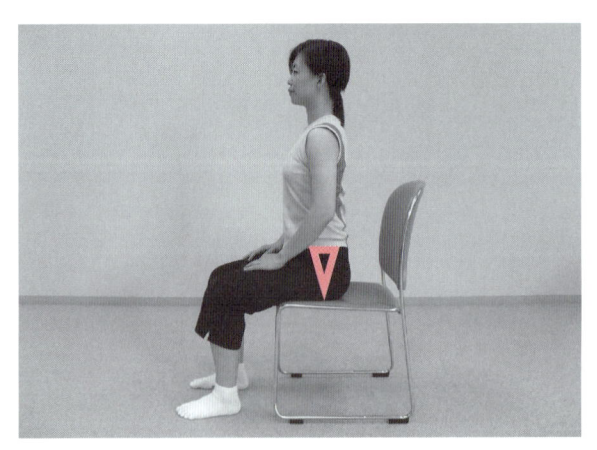

座位中間位

2. 腹圧を高めるトレーニング

　基本的にトレーニング全般において，腹圧を高めて体幹を安定させる必要がある。骨盤中間位で行うことが重要である。

　筋力トレーニングを始める前に腹圧を高めるトレーニングを入れて，体幹への意識を高めておくとよい。

息を吸いながら胸郭を引き上げ，
おなかを背中に近づけていくイメージで引き締める

力を入れる前

この状態を保ったままゆっくり息を吐き出す
＊おなかの厚さに注目！

力を入れているとき

54　第3章　筋力トレーニング

イス座位でも同じように行う
＊おなかの厚さに注目！

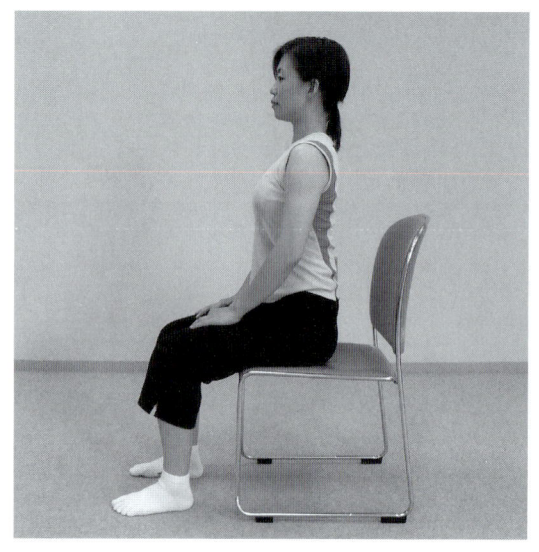

力を入れる前

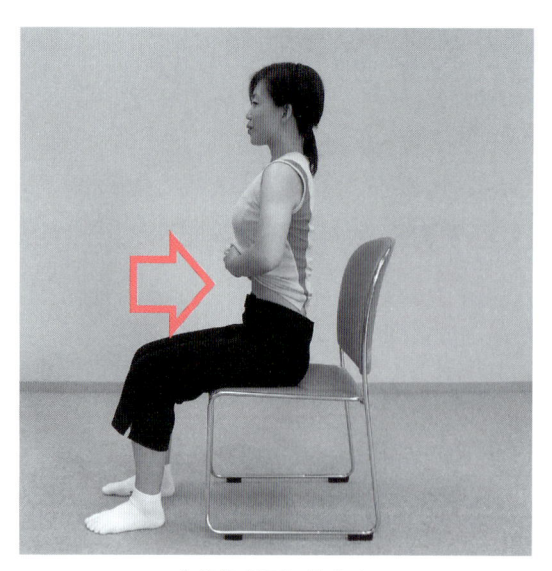

力を入れているとき

4 部位別種目

実際のトレーニングを以下に紹介する。

1．下肢のトレーニング

（1）大腿部
1）レッグ・エクステンション

作用する筋：大腿四頭筋

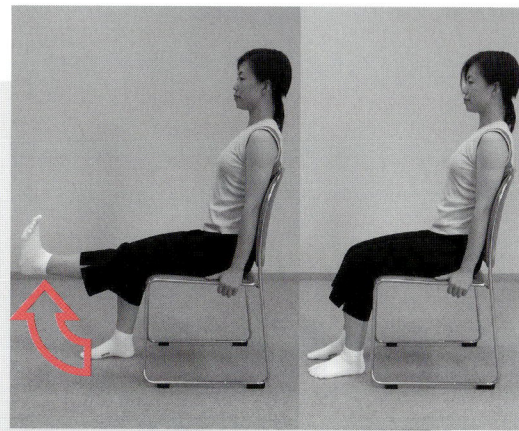

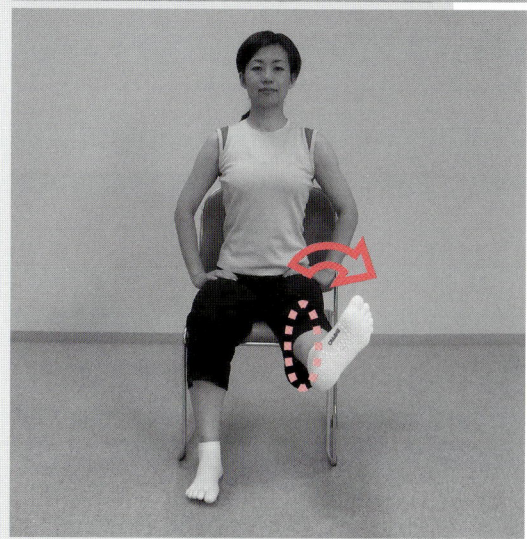

難易度 ★☆☆

① イスに浅めに腰かけ，背もたれに寄りかかり腹圧を高める。
② 太ももに力を入れ，息を吐きながらひざを伸ばす。
③ そこから力を抜かずに，息を吸いながらゆっくりと元の位置に戻す。
＊ 左右20回ずつ行う。

Point
- つま先をいつも自分のほうに向けながら行う。
- 下腿を少し外旋して行うと内側広筋を強調できる。

2）レッグ・プレス

作用する筋：大腿四頭筋・腸腰筋

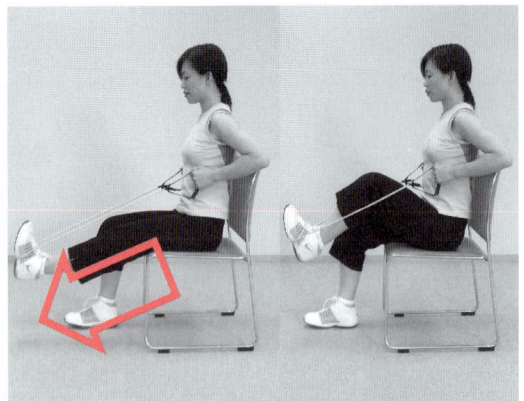

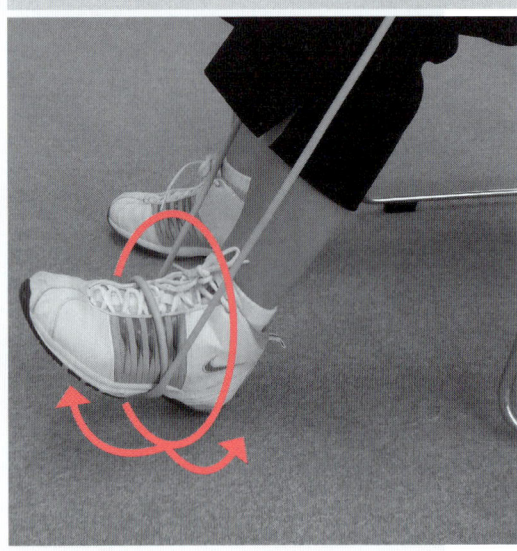

難易度 ★★☆

① イスに浅めに腰かけ，片足にチューブを巻く。背もたれに寄りかかり，腹圧を高める。
② チューブを巻いた足をもち上げ，その位置で軽くチューブが張るように調節してもつ。
③ 腹圧を保ったまま，息を吐きながら足を斜め下方向に伸ばす。
④ そこから息を吸いながらゆっくりと元の位置に戻す。
＊ 左右20回ずつ行う。

Point

● 動作中，チューブをもった手の位置を一定にしておく。
● チューブが足からはずれるのを防止するために，ただ足に引っ掛けるだけでなく巻いておくとよい。

3）スクワット

作用する筋：大腿四頭筋・大臀筋・ハムストリングス　難易度★★★

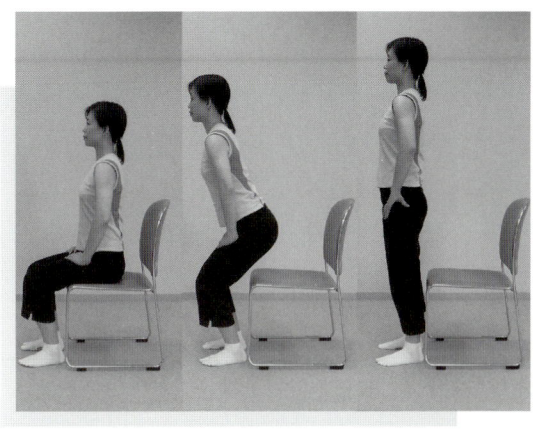

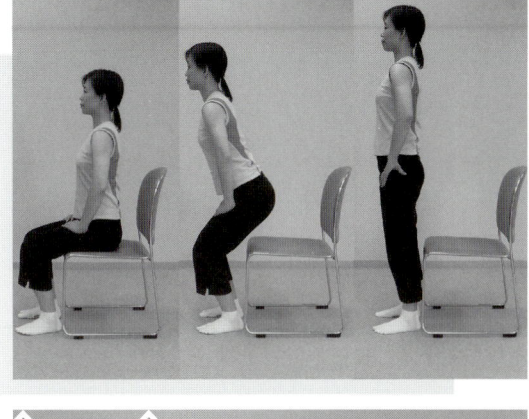

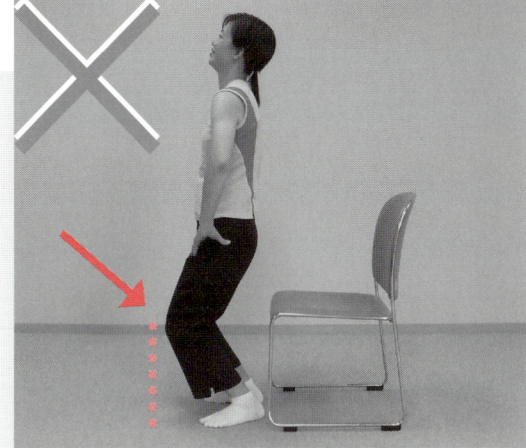

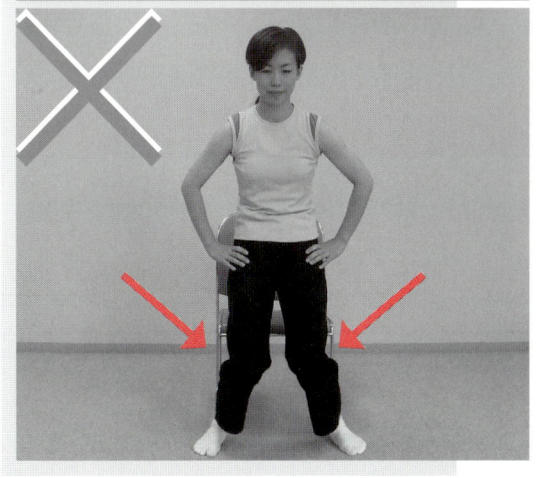

① 足を肩幅よりも少し広めに開き，つま先をやや外側に向けて立つ。
② 顔はやや上方に向けて胸を張り，腹圧を高める。
③ 腹圧を保ったまま，股関節を曲げてお尻を後方へ軽く突き出す動きに続き，ひざ関節も徐々に曲げて，息を吸いながらゆっくりと重心を下げていく。
④ お尻がイスに触れるまでゆっくり動作し，イスに腰かける。
⑤ 胸を張って腹圧を高めたまま，足裏全体に体重をしっかりのせ，息を吐きながら徐々にイスからお尻を浮かせる。
⑥ 体重を足で支えながらゆっくりと立ち上がる。
＊15回行う。

Point
● ひざはつま先より後方にあるように意識して動作する。
● ひざとつま先の向きがいつも一致するように意識する。

4) サイド・ランジ

作用する筋：大腿四頭筋・内転筋

難易度 ★★★

① 足を大きく左右に開き，つま先をやや外側に向けて立つ。
② 顔はやや上方に向けて胸を張り，腹圧を高める。
③ 腹圧を保ったまま股関節とひざ関節をしっかり曲げて，息を吸いながらゆっくりと体重を右（左）足にのせていく。
④ 息を吸いながら足裏全体で床を蹴り元の体勢に戻る。反対足も同様に行う。
＊ 左右10回ずつ行う。

Point

- ひざはつま先より後方にあるように意識して動作する。
- ひざとつま先の向きがいつも一致するように意識する。
- 踏み出した足のほうに上体を傾けず，直立を保つ。
- バランスをくずしやすいので注意する。

基本の動作

5）フロント・ランジ

作用する筋：大腿四頭筋・大臀筋・ハムストリングス　難易度★★★

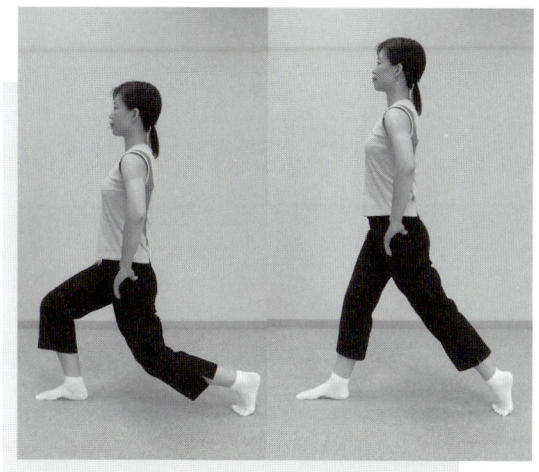

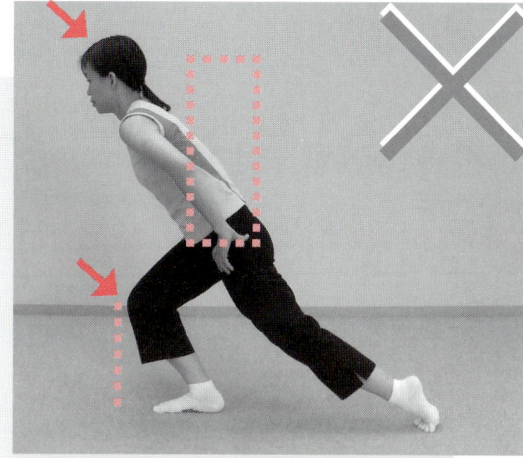

① 足を肩幅程度に開き，その幅を保ったまま右（左）足を大きく一歩前に踏み出す。
② 顔は正面を向き，胸を張り腹圧を高める。
③ 腹圧を高めたままひざを曲げ，太ももが床と平行になるくらいまで息を吸いながら重心を下ろす。
④ 息を吐きながら両足でしっかり床を蹴り，元の体勢に戻る。反対足も同様に行う。

＊ 左右10回ずつ行う。

Point

● 腹圧を高め，上半身をほぼ垂直に保つよう意識する。
● 前方の足のひざは，つま先より後ろにあるように意識して動作する。
● ひざとつま先の向きがいつも一致するように意識する。
● 前後の足に均等に体重をのせるようにする。
● 左右の足幅が狭いとバランスをくずしやすいので注意する。

（2）下腿部
1）カーフ・レイズ1
作用する筋：ヒラメ筋

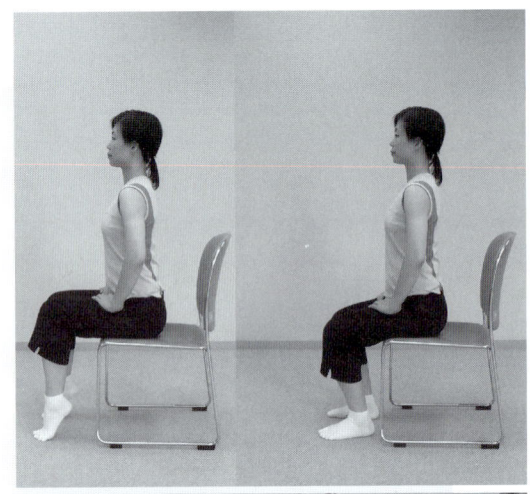

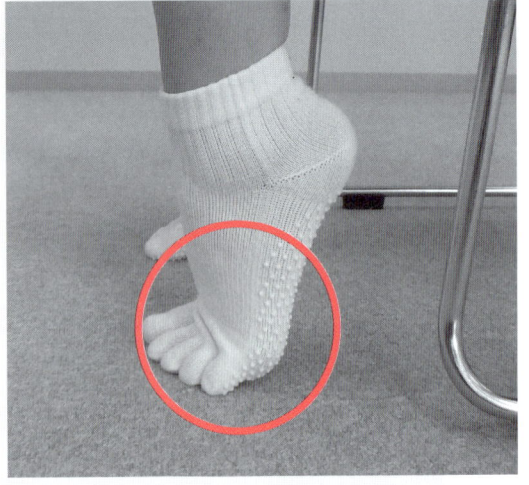

難易度 ★☆☆

① イスに腰かけ，骨盤を中間位にして腹圧を高める。足関節部をひざより少し手前にひいて床に置き，足幅を肩幅程度に開いておく。
② 腹圧を保ったまま息を吐きながら，かかとをできるだけ高くもち上げる。つま先は床につけたままにする。
③ そこから息を吸いながらゆっくりと元の位置に戻す。
＊ 20回行う。

Point
● 動作する際は，足指をしっかり曲げ母趾球に荷重する。

2) カーフ・レイズ2

作用する筋：腓腹筋

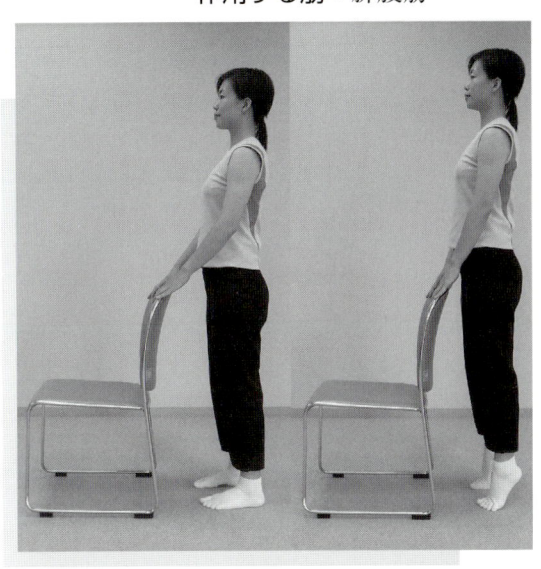

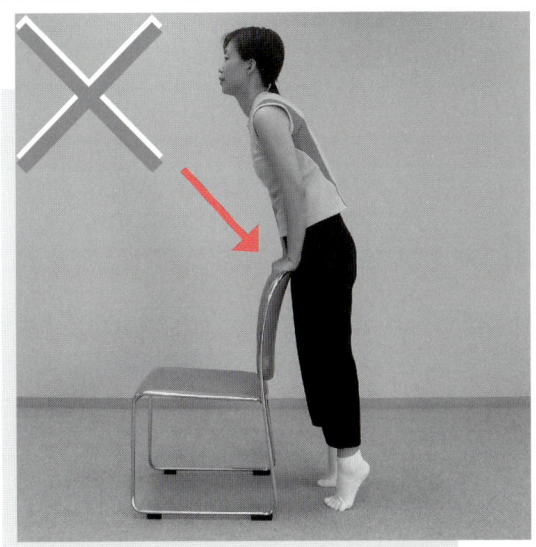

難易度 ★★☆

① 足を肩幅に開いて立ち，腹圧を高める。
② 息を吐きながらかかとをゆっくりとできるだけ高くもち上げる。
③ そこから息を吸いながら，力を抜かずにかかとをゆっくりと下ろす。
＊ 15回行う。

Point

- 動作中はいつも腹圧を高め，直立を保つ。
- 体重が母趾球にのるように意識する。

3）トゥ・レイズ1

作用する筋：前脛骨筋

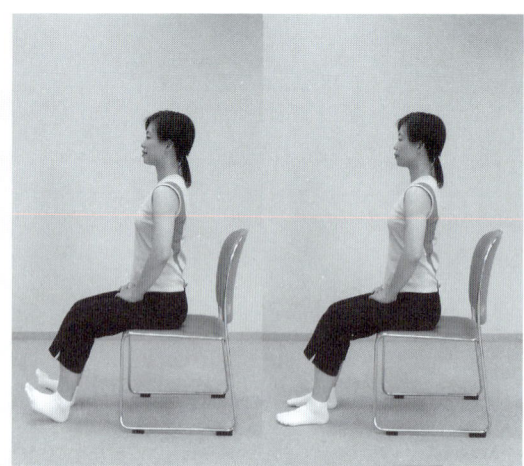

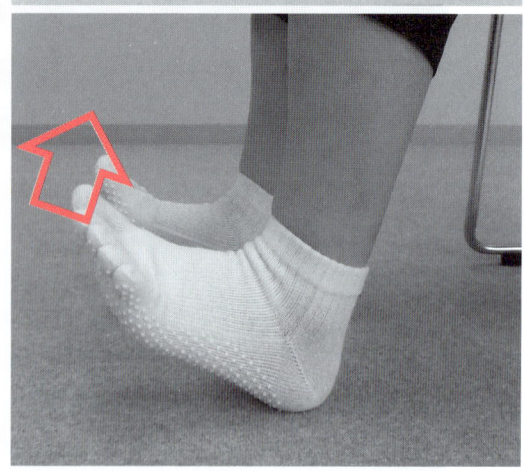

難易度 ★☆☆

① イスに腰かけ，骨盤を中間位にして腹圧を高める。足関節部をひざより少し前方に出して床に置く。足幅は肩幅程度に開いておく。
② 腹圧を保ったまま体の反動は使わずに，息を吐きながらつま先をゆっくりとできるだけ高くもち上げる。かかとは床につけたままにする。
③ そこから息を吸いながらつま先をゆっくりと下ろす。

＊ 20回行う。

Point

● つま先をできるだけ自分のほうに引きつけるように意識する。

4）トゥ・レイズ2

作用する筋：前脛骨筋

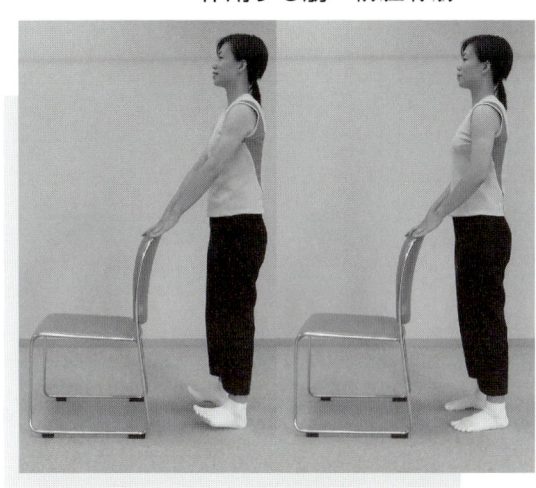

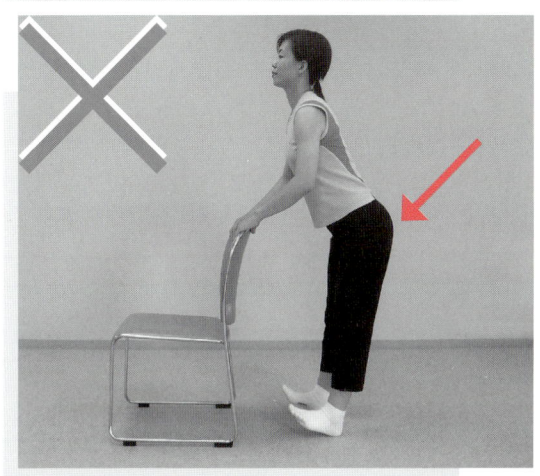

難易度★★☆

① 足を肩幅に開いて立ち，腹圧を高める。
② 息を吐きながらつま先をゆっくりとできるだけ高くもち上げる。
③ そこから息を吸いながらゆっくりと元の位置に戻す。
＊ 15回行う。

Point

●腹圧を高めた状態をいつも保ち，直立姿勢を保ったまま動作する。

2. 体幹のトレーニング

（1）腹　　部
1）クランチ１
作用する筋：腹直筋

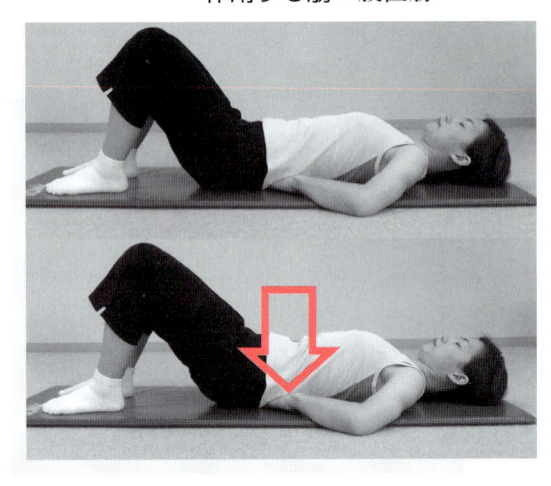

難易度 ★☆☆

① マットにあおむけになりひざを90度程度に曲げて床に置く。骨盤中間位をとる。
② 息を吐きながら，腰のアーチをつぶすようなイメージで腰と背中をマットに押しつける。
③ 5秒間程度息を吐きながら押しつけたら，息を吸いながら力を抜き骨盤を中間位に戻す。
＊ 20回行う。

Point
● 腰を押しつける際は必ず息を吐くように意識する。
● 骨盤の可動性を高めるトレーニングにもなる。

2）クランチ2

作用する筋：腹直筋

難易度 ★★☆

① マットにあおむけになりひざを90度程度に曲げて床に置く。骨盤中間位をとる。
② 息を吐きながら腰のアーチをつぶすようなイメージで腰をマットに押しつけたら，しっかりとあごを引き，肩甲骨がマットから離れる程度上体を丸めて起こす。
③ そこから息を吸いながらゆっくりと上体を元の位置に戻し，骨盤を中間位に戻す。
＊ 15回行う。

Point

● 上体を起こす際は必ず息を吐くように意識する。
● 上体を起こす動作時に首が疲労してしまう場合は，手で頭を支えてもよい。

3）レッグ・レイズ
作用する筋：腹直筋

難易度 ★★★

① マットにあおむけになりひざを90度程度に曲げて床に置く。手は体側から45度程度開いて床に置く。骨盤中間位をとる。
② 息を吐きながら腰のアーチをつぶすようなイメージで腰をマットに押しつけたら，ひざの角度を変えずに足をもち上げ太ももを胸のほうへできるだけ引きつける。
③ そこから息を吸いながらゆっくりと足を元の位置に戻し，骨盤を中間位に戻す。
＊ 10回行う。

Point
- ひざの角度を変えることでさらに強度を調節できる（ひざを深く曲げる → 易，ひざを伸ばす → 難）。動作中はひざの角度を一定に保つように意識する。

（2）臀　　部
1）ヒップ・アブダクション1
作用する筋：中臀筋

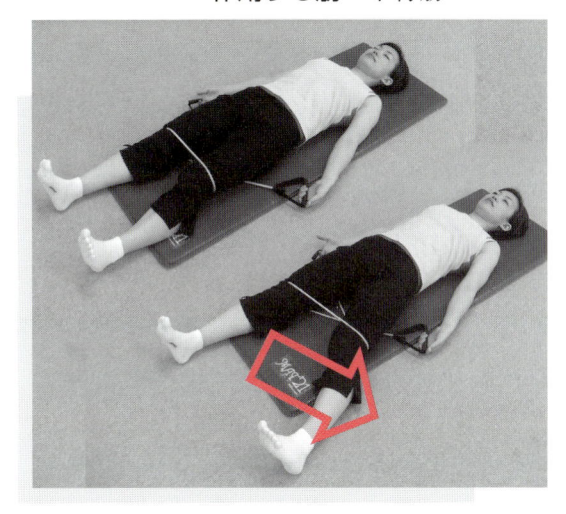

難易度 ★☆☆

① マットにあおむけになり，足を肩幅程度に開く。
② ひざ上の辺りにチューブを巻き，軽く張るように調節をする。
③ 息を吐きながら，一方の足のかかとを床に這わせて足を横方向に開いていく。
④ そこから息を吸いながら，ゆっくりと元の位置に戻す。
⑤ 反対足も同様に行う。
＊ 左右20回ずつ行う。

Point
- 股関節をやや内旋位に保ちながら動作するように意識する。
- 足を開く角度は30度程度でよい。

2）ヒップ・アブダクション2

作用する筋：中臀筋

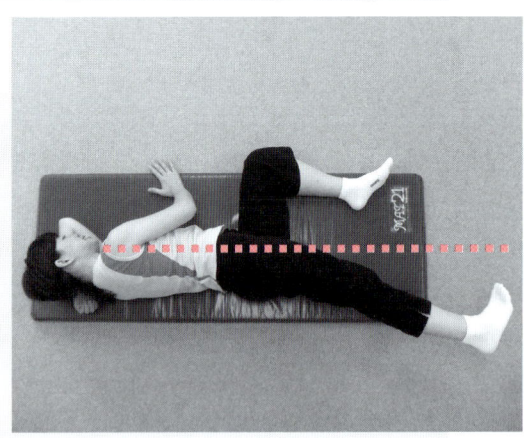

難易度★★☆

① マットに横向きに寝る。下側の足のひざを軽く曲げ，さらに上側の手を床について体のバランスをとる。

② 腹圧を高めて体幹を安定させ，息を吐きながら上側の足を床と平行になるくらいまでもち上げる。ここがスタートポジションになる。

③ 足が床に対して30度程度になるまで息を吐きながらもち上げ，そこから息を吸いながらゆっくりと床と平行になるまで足を下ろす。

＊ 反対足も同様に行う。

＊ 左右15回ずつ行う。

Point

- 動作中の足は，股関節をやや伸展，やや内旋させた状態を保つ。
- 腹圧を高めた状態を保ち，体幹が前後に動揺するのを防止する。

3）ヒップ・アブダクション3

作用する筋：中臀筋

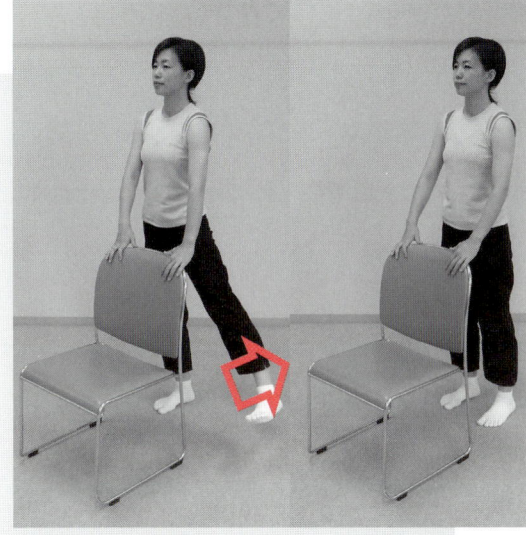

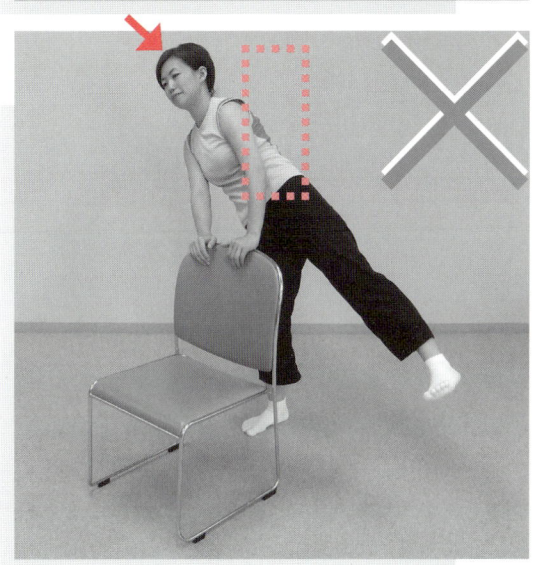

難易度 ★★★

① 足を肩幅程度に開いて立ち，腹圧を高める。
② 動作する側の股関節をやや伸展させる。
③ 直立姿勢と股関節伸展位を保ったまま，息を吐きながら足を横方向へ開いていく。
④ そこから息を吸いながら，ゆっくりと元の位置に戻す。

Point

- 腹圧を高めた状態をいつも保ち，直立姿勢のまま動作する。
- 足をもち上げる高さは，支持脚に対して30度程度でよい。
- 本来は動作脚のトレーニングだが，支持脚の中臀筋にも効く場合がある。

4）ヒップ・リフト1

作用する筋：大臀筋・脊柱起立筋

難易度 ★☆☆

① マットにあおむけになり，ひざを90度よりやや深めに曲げ，足裏を床に置く。足幅は肩幅程度に開いておく。骨盤中間位をとる。
② 手は体側から45度程度に開いて床に置き，腹圧を高める。
③ 腹圧を保ったまま，息を吐きながらお尻を床からもち上げていく。
④ 肩とひざのラインが一直線になるまでお尻をもち上げ，そこから息を吸いながらゆっくりと元の位置に戻す。

Point

- 手や肩は脱力し，お尻の筋肉（大臀筋）をしっかり使って動作する。
- お尻を高く上げすぎると首に過度な負担がかかる場合があるので注意する。

〔ハムストリングス（大腿二頭筋群）のトレーニング〕

　上記のヒップ・リフトのひざを曲げる角度を浅くして（足を置く位置をお尻から遠ざけて）行うとハムストリングス（太ももの裏側）のトレーニングになる。

5）ヒップ・リフト2

作用する筋：大臀筋・脊柱起立筋

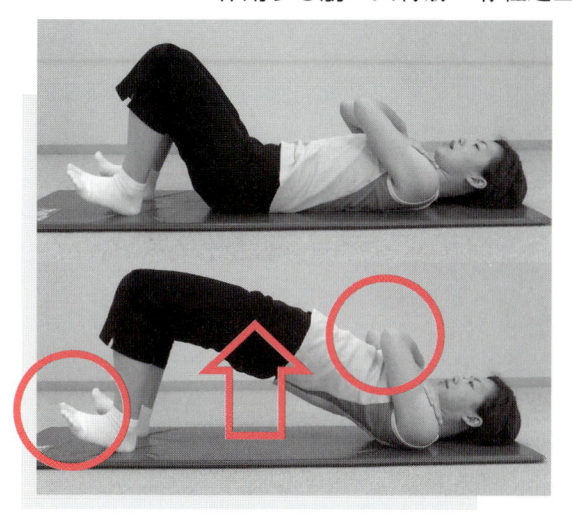

難易度 ★★☆

① マットにあおむけになり，ひざを90度よりやや深めに曲げ，足裏を床に置く。足幅は肩幅程度に開いておく。骨盤中間位をとる。
② 手を胸の前で組み，つま先をもち上げ腹圧を高める。
③ 腹圧を保ったまま，息を吐きながらお尻をもち上げていく。
④ 肩とひざのラインが一直線になるまでお尻をもち上げ，そこから息を吸いながらゆっくりと元の位置に戻す。

＊ 15回行う。

Point

● お尻を高く上げすぎると首に過度な負担がかかる場合があるので注意する。

6）ヒップ・リフト3
作用する筋：大臀筋・脊柱起立筋

難易度 ★★★

① マットにあおむけになり，ひざを90度よりやや深めに曲げ，足裏を床に置く。一方の足の足首を反対の足の太もも（ひざ上辺り）にのせて足を組む。
② 手を体側から45度程度開いて置き，腹圧を高める。
③ 腹圧を保ったまま，息を吐きながらお尻を床からもち上げていく。
④ 肩とひざが一直線になるまでお尻をもち上げ，そこから息を吸いながらゆっくりと元の位置に戻す。
⑤ 組む足を変えて同様に行う。
＊ 左右10回ずつ行う。

Point
- のせている足側のお尻が下がりやすいので，左右のお尻の高さをそろえて動作するように意識する。
- さらに難易度（強度）を上げるには，手を胸の前で組んで行うとよい。

3．上肢のトレーニング

（1）胸　　部
1）チェスト・プレス1
作用する筋：大胸筋

難易度 ★☆☆

① マットにあおむけになりひざを90度程度に曲げて足裏を床に置く。骨盤中間位をとる。
② ダンベルをもち，手を肩の高さに開き，ひじを床に対して垂直になるように曲げる。
③ 息を吐きながら，手が胸の真上にくるようにダンベルをもち上げる。
④ そこから息を吸いながら，ゆっくりと元に位置に戻す。
＊ 20回行う。

Point
- 動作時に前腕がいつも床と垂直になるように意識する。
- 動作中は手首がいつもまっすぐになっているように意識する。
- 手を押し出す際，背中を丸めずにまっすぐの状態を保つ。
- 余裕があれば，ダンベルをもち上げたときに胸の真上で手を合わせてもよい。

2）チェスト・プレス2

作用する筋：大胸筋

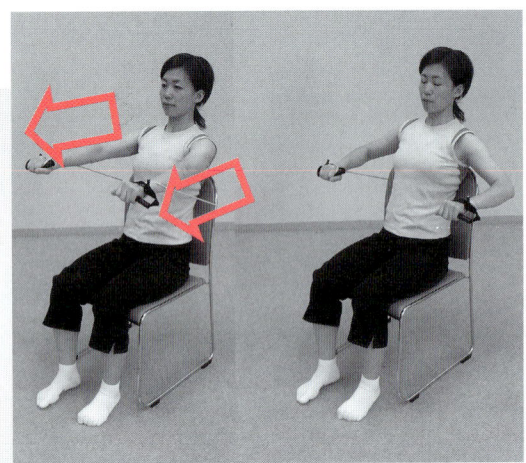

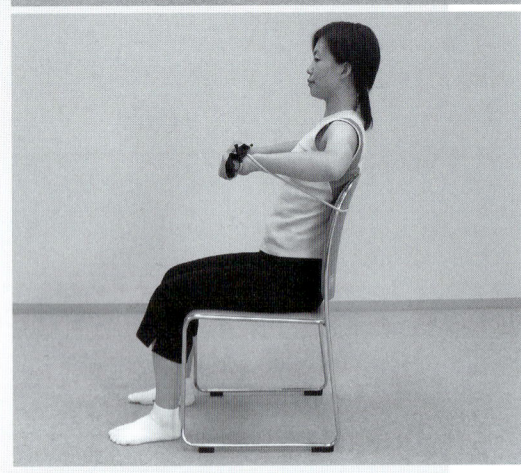

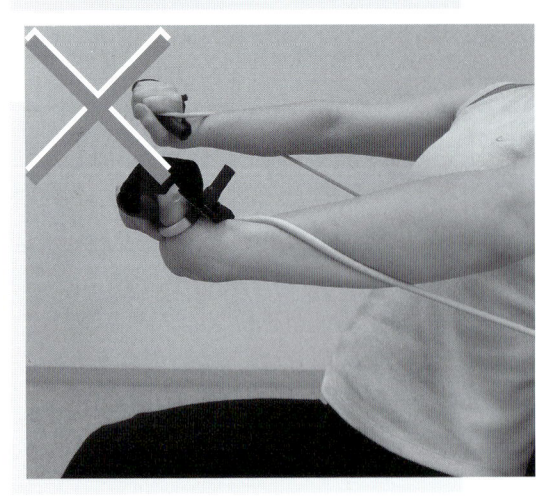

難易度 ★★☆

① イスに腰掛け，骨盤中間位にして腹圧を高める。
② イスの背もたれにチューブをかける。手を肩の高さにもち上げてひじを曲げ，チューブが少し張るように調節して手にもつ。
③ 息を吐きながら，手が床と平行を保ったまま，胸の真正面にくるように押し出す。
④ そこから息を吸いながら，ゆっくりと元の位置に戻す。

Point

- 動作中は手首がいつもまっすぐになっているように意識する。
- 手を押し出す際，背中を丸めずにまっすぐの状態を保つ。
- イスの背もたれからチューブがはずれるのを防止するため，すべり止めなどを使用するのが望ましい。

（2）背　部
1）ローイング1

作用する筋：広背筋・菱形筋

難易度 ★★☆

① マットに座りひざを軽く曲げ，背すじを伸ばして腹圧を高める。
② 足裏にチューブをかけ，両手を伸ばした状態でチューブが軽く張るように調節して手にもつ。
③ 腹圧を高めた状態を保ったまま胸を張り，息を吸いながら両ひじを後ろに引き，肩甲骨を内側に寄せる。
④ そこから息を吐きながら，ゆっくりと元の位置に戻す。
＊ 10回行う。

Point
- 肩甲骨の動きを常に意識して動作する。
- ひじは外側へ突き出さず，両脇を締めるように意識する。
- 関節や柔軟性の問題などで床面に座ることが困難な人は，クッションを使用して座面を高くしたり，イスに座って行ってもよい。

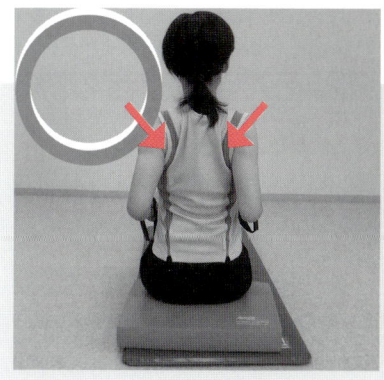

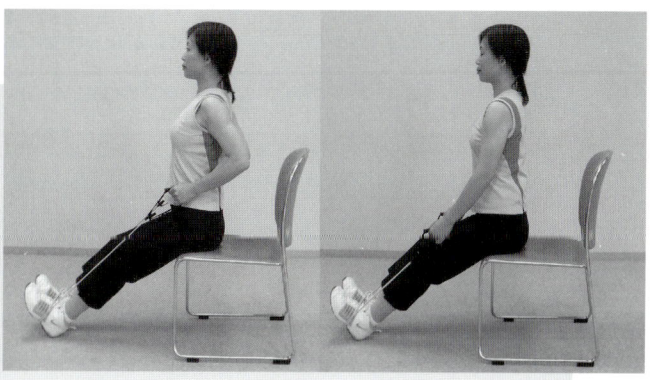

2）ローイング2

作用する筋：広背筋・菱形筋

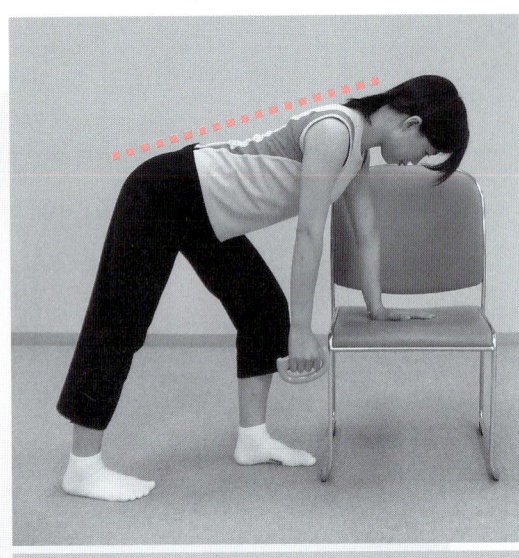

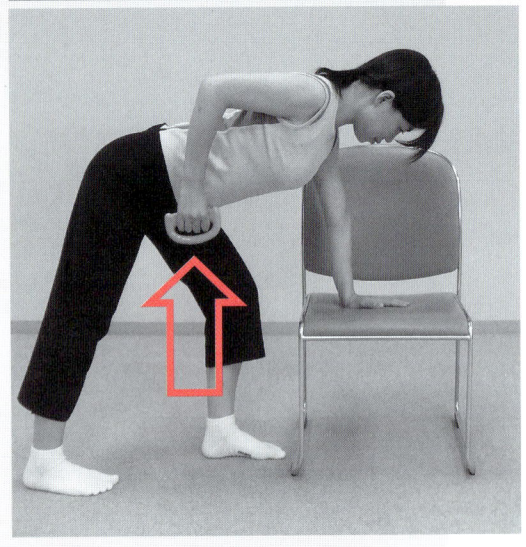

難易度★★★

① イスの座面に片方の手をつき，上体を支える。
② もう一方の手にダンベルをもち，同じ側の足を少し後に下げて腹圧を高める。
③ 胸を張り背中，腰を丸めずに，息を吸いながらひじを天井のほうへ引き上げ，肩甲骨を寄せる。
④ そこから息を吐きながら，ゆっくりと元の位置に戻す。
＊ 左右15回ずつ行う。

Point

● 肩甲骨の動きを常に意識して動作する。
● ひじは外側へ突き出さず，脇を締めるように意識する。
● 体格によりクッションなどで手をつく面の高さを変え，頭が下がりすぎるのを防止する。

（3）肩　部
1）シュラッグ

作用する筋：僧帽筋

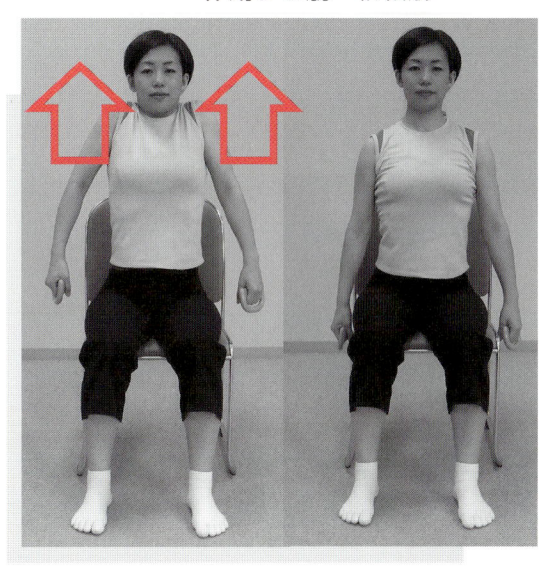

難易度 ★☆☆

① イスに腰掛け，骨盤中間位にして腹圧を高める。
② 両手にダンベルをもち，腕を脱力して体側に垂らす。
③ 息を吐きながら，肩をすくめるようにできるだけ高く肩をもち上げる。
④ そこから息を吸いながら，肩で後ろ側にゆっくりと大きな半円を描くように動作し，元の位置に戻す。
＊ 20回行う。

Point
● 動作時はいつも腹圧を高めた状態を保ち，体幹を安定させておく。

2) サイド・レイズ
作用する筋：三角筋

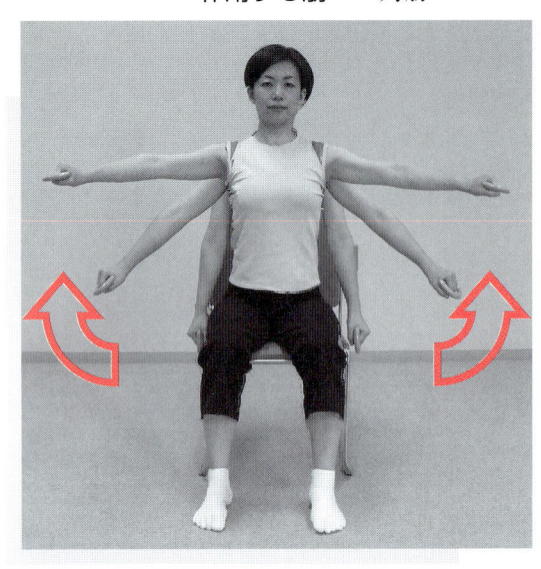

難易度★★☆

① イスに腰掛け，骨盤中間位にして腹圧を高める。
② 両手にダンベルをもち，手のひらを内側に向け，ひじを軽く曲げて体側に垂らす。
③ 腹圧を高めた状態を保ったまま，息を吐きながら腕を身体の真横にゆっくりと上げ，肩の高さまでもち上げる。
④ そこから息を吸いながら，ゆっくりと元の位置に戻す。
＊ 15回行う。

Point

●腕をもち上げる高さの上限を肩までとし，それ以上には上げない。

3）ショルダー・プレス

作用する筋：三角筋

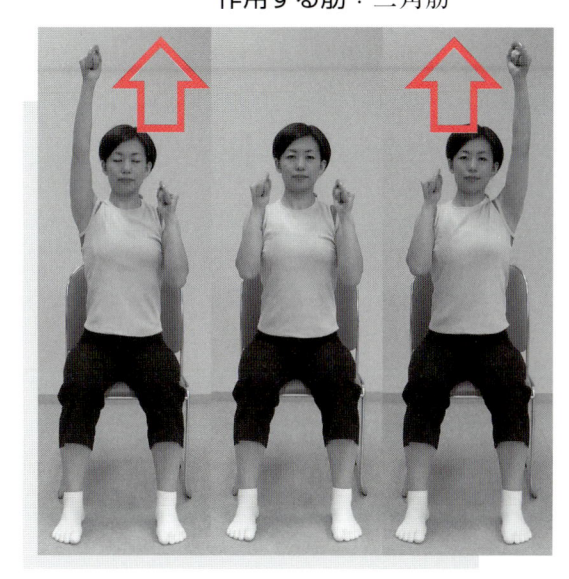

難易度 ★★★

① イスに腰掛け，骨盤中間位にして腹圧を高める。
② ダンベルを肩の高さにもち，手のひらを内側に向ける。
③ 腹圧を高めた状態を保ったまま，息を吐きながら右（左）手をゆっくりと頭上にもち上げていく。
④ そこから息を吸いながら，ゆっくりと元の位置に戻す。
⑤ 反対側も同様に行う。
＊ 左右10回ずつ行う。

（4）腕　　部
1）アーム・カール
作用する筋：上腕二頭筋

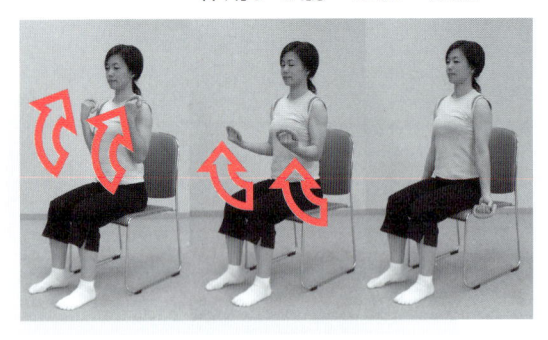

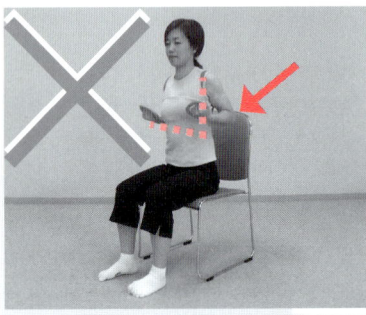

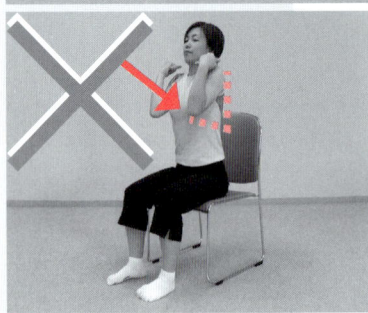

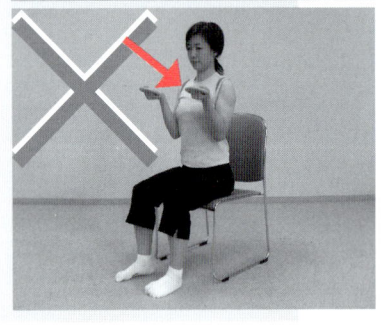

難易度 ★☆☆

① イスに腰掛け，骨盤中間位にして腹圧を高める。
② 両手にダンベルをもち，体側に腕を垂らす。手のひらは正面に向ける。
③ 両脇を締め，ひじの位置を変えずに，息を吐きながらゆっくりとダンベルをもち上げていく。
④ そこから息を吸いながら。ゆっくりと元の位置に戻す。
＊ 15回行う。

Point
● 両脇を締め，できれば体側にひじをつけた状態で行うとよい。
● 動作中，手首はいつもまっすぐの状態を保つ。

2）キック・バック

作用する筋：上腕三頭筋

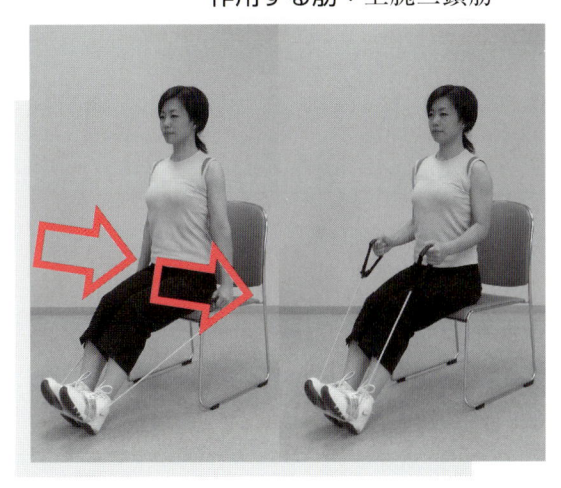

難易度 ★★☆

① イスに浅めに腰掛け，ひざを軽く曲げた状態で前に伸ばす。骨盤中間位にして腹圧を高める。
② 足にチューブをかけ，ひじを体側の位置で90度に曲げて，チューブが軽く張るように調節して手にもつ。手のひらは内側に向ける。
③ 両脇を締めてひじの位置を変えずに，息を吐きながら手を床方向に下ろすように，ゆっくりとひじを伸ばしていく。そこから息を吸いながら，ゆっくりと元の位置に戻す。
＊ 10回行う。

Point

● 両脇を締め，できれば体側にひじをつけた状態で行うとよい。

4．バランス・機能的トレーニング　「重心の移動をスムーズに」
（1）左右の重心移動

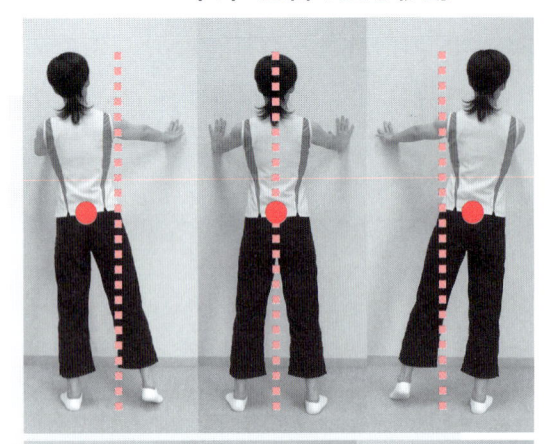

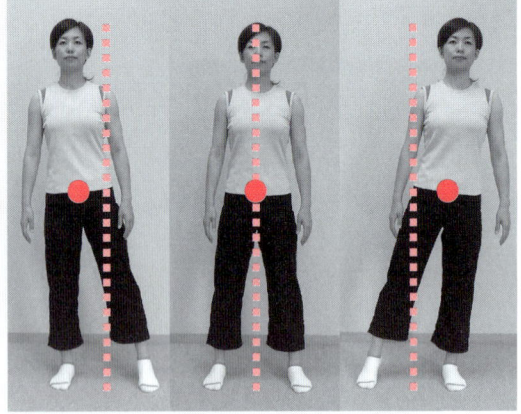

① 腹圧を高めた状態で立つ。
② できるだけ体幹をまっすぐに保ち，身体重心を側方に移動させ片足に荷重する。

（2）上下の重心移動

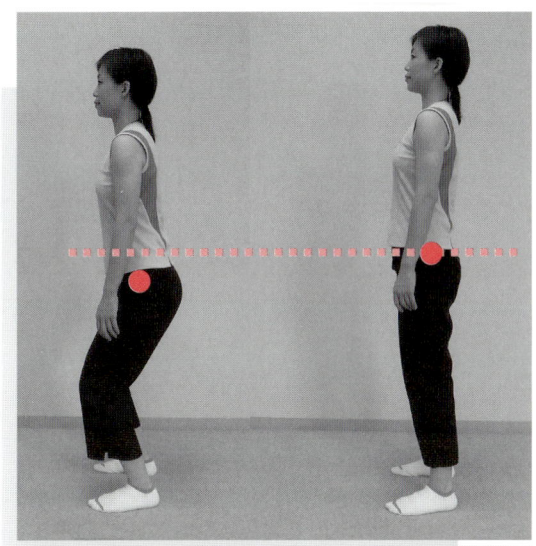

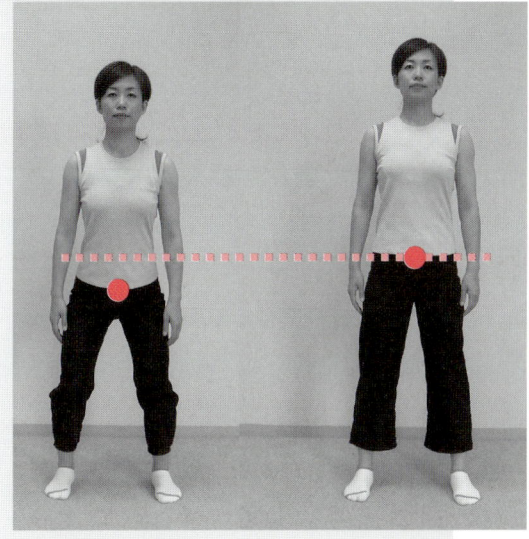

① 腹圧を高めた状態で立つ。
② 軽くひざ関節と股関節を曲げ，身体重心を上下に移動させる。
③ 足圧中心が土踏まずの位置にくるように意識して行う。

（3）前方への重心移動

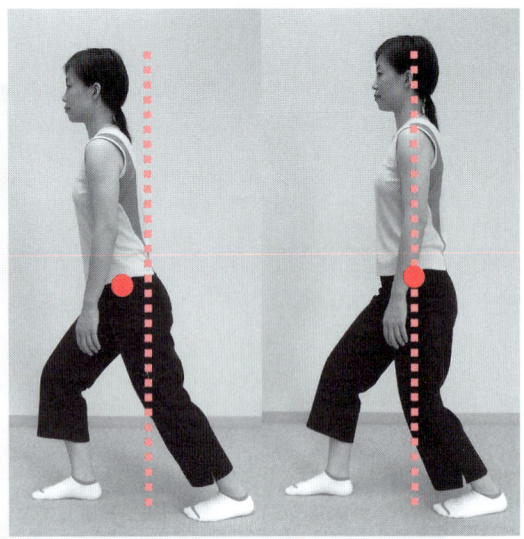

① 上下の重心移動で重心が下がった状態から足を一歩前に踏み出し，その足に荷重していき，元に戻す。
② つま先とひざがいつも同じ方向を向くように意識して動作する。

（4）ニーベントウォーク

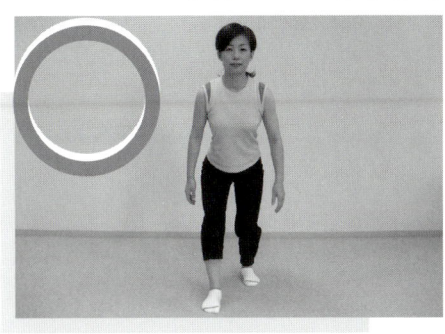

① 前方への重心移動から後の足を引き寄せる。この動作を繰り返し，前方へ進んでいく。
② 荷重がスムーズにいくようになったら，足をそろえずに歩く動作へと移行していく。

Point

- 重心の高さを一定に保ち動作する。
- 踏み出した足にしっかりと荷重し，動作をゆっくりと行う。
- 後方の足を引き寄せるときは股関節をしっかりと曲げ，ひざを引き寄せる意識で動作する。
- つま先とひざの向きがいつも一致するように意識する。

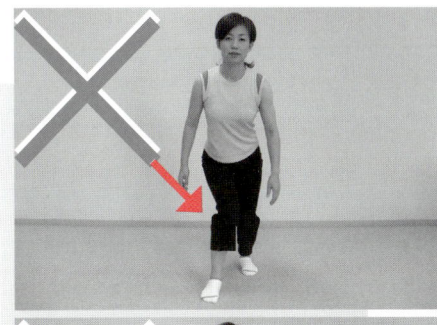

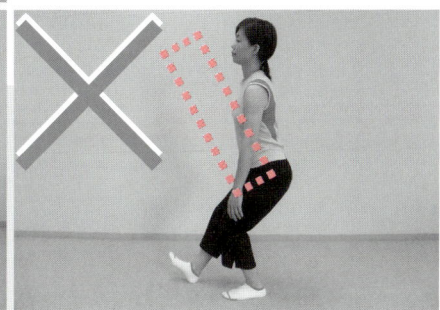

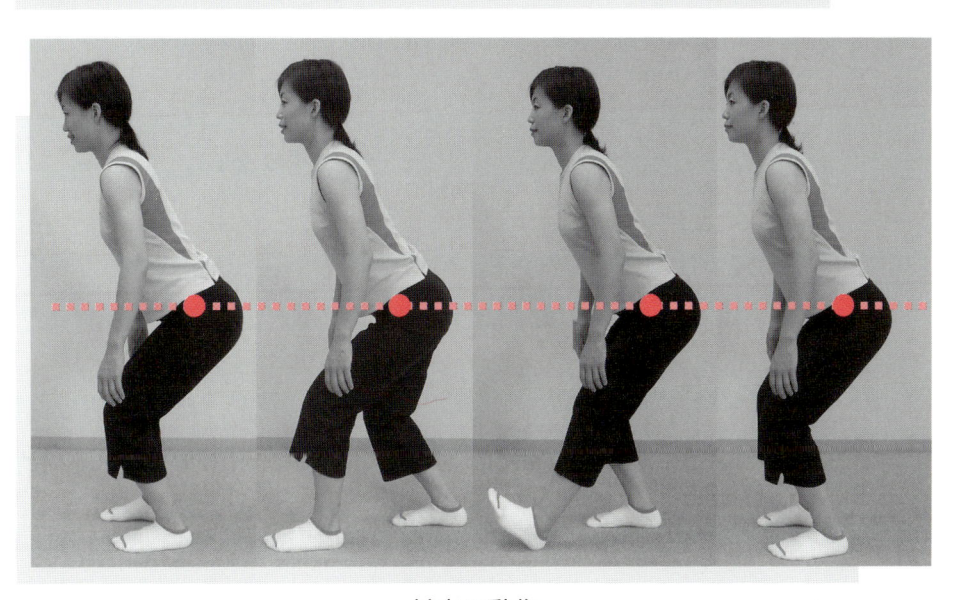

基本の動作

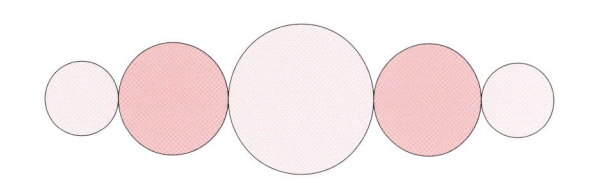

参考資料

① 新予防給付の介護予防サービス実施計画の様式の一例

介護予防サービス実施計画書（例）

利用者名　　　　殿　生年月日　　年　月　日生　　歳　　記載日　　年　月　日

課題分析情報	※既往歴，家族歴などの特記事項を転記する	記入者： 職種：

機能状態	握力　　　　　　（　　kg，右・左） 片足立ち(開眼)　（　　秒） 最大歩行時間(5m)（　　秒） 【補助具使用(有・無)種類（　　）】	痛み(部位と程度)： 運動に際してのリスク：

本人の希望		全体の目標	

方法	実施回数（　　日／週）【内訳：個別（　　日／週）・集団（　　日／週）】 一回運動時間(約　　　　分)　負荷強度（高・中・低）　負荷方法（漸増・一定）

	初期（　　ヶ月）	中期（　　ヶ月）	後期（　　ヶ月）
目標			
プログラム			
評価			

地域包括支援センターへの報告事項：

出典）厚生労働省：運動器の機能向上マニュアル

❷ トレーニング記録用紙

トレーニング記録用紙　　氏名：

日付	血圧 最高	血圧 最低	脈拍	種目： 重量	種目： 回数	種目： セット	種目： 重量	種目： 回数	種目： セット	種目： 重量	種目： 回数	種目： セット	種目： 重量	種目： 回数	種目： セット	種目： 重量	種目： 回数	種目： セット	種目： 重量	種目： 回数	種目： セット
/																					
/																					
/																					
/																					
/																					
/																					
/																					
/																					
/																					
/																					

3 体力測定実施方法

1. 握　　力

① 両足を開いて安定した立位姿勢をとる。
② 握力計の指針が外側になるようにもち，ひとさし指の第2関節がほぼ直角になるように，握りの幅を調整する。腕を自然に下げ，身体に触れないようにして力いっぱい握る。
③ 利き手あるいは強いほうの手を2回測定する。

教 示

1回目：「身体に触れないように力いっぱい握ってください」
2回目：「もう少しがんばってみましょう」

Point

●測定の際は，握力計が身体や衣服に触れたまま握ったり，反対の手で押さえたり，握力計を振り回さないように注意する。

測定値：ベスト
　　　　小数点第2位以下は四捨五入して，同第1位まで求める

2. 開眼片足立ち時間

☆補　助☆

① 両手を腰にあて，片足を床から離し，次のいずれかの状態が発生するまでの時間を測定する。
- 支持脚の位置がずれたとき
- 腰にあてた手が離れたとき
- 支持脚以外の身体の一部が床に触れたとき

　上げている足は前方・後方どちらに上げても可とするが，支持脚につけないように注意する。

② 1回練習してから，2回測定する。

教示

「目を開けたまま，できるだけ長く片足で立ってください。準備ができたらご自分のタイミングで片足を上げてください。どうぞ」に統一する。

Point

- 測定者は被測定者の傍らに立ち，安全を確保する。
- 1回目で60秒立てた場合は，2回目は測定しない。
- 靴は脱いで行う。

測定値：ベスト
　　　　測定時間の上限値は60秒とし，秒未満は切り捨てる

3．Timed up & go テスト

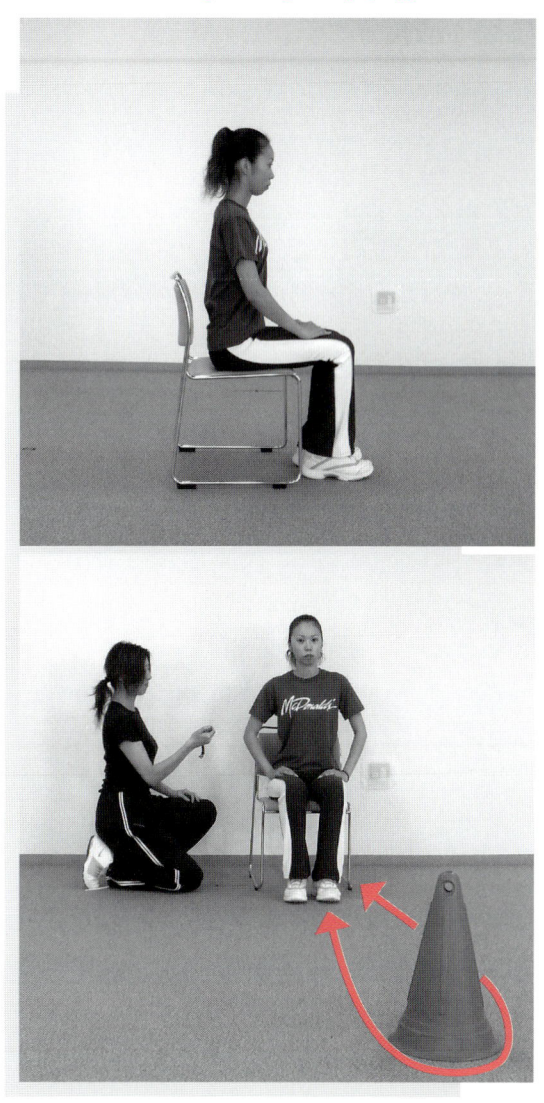

① イスから立ち上がり 3 m 先の目印を折り返し，再びイスに座るまでの時間を計測する。
② スタート肢位は背中を垂直にしてイスに座り，太ももの上に手を置いた姿勢とする。その際，両足が床につくように配慮する。
③ 測定者の掛け声に従い，被測定者にとって快適かつ安全な速さで一連の動作を行ってもらう。
④ 測定者は，被測定者の身体の一部が動き出した時点から再び座るまでの時間を計測する。
⑤ 回り方は被測定者の自由とする。
⑥ 1 回練習してから，2 回測定する。

教 示

1回目：「できるだけ速く行ってください」
2回目：「もう少しがんばってみましょう」

Point

● 測定者は被測定者の動きに合わせて移動し，安全を確保する。
● 靴は履いて行う。

測定値：ベスト
　　　　小数点第1位まで計測する（同第2位を四捨五入）

4. 歩行速度（通常歩行速度・最大歩行速度）

① 予備路3mずつ，測定区間5mの歩行路（図参-1）を教示に従い歩いてもらう。
② 測定区間始まりのテープ（3m地点）を踏んだ時点または遊脚相にある足部が越えた時点から，測定区間終わりのテープ（8m地点）を踏んだ時点または遊脚相の足部が超えるまで（図2）の所要時間を計測する。
③ 2回測定する。

教示

●通常歩行速度●
1回目：「いつもどおりの速さで歩いてください」
2回目：「もう一度いつもの速さで歩いてください」
●最大歩行速度●
1回目：「できるだけ速く歩いてください」
2回目：「もう少しがんばってみましょう」

Point

●走らせないようにする。
●靴は履いて行う。

測定値：ベスト
　　　　小数点第1位まで計測する（同第2位を四捨五入）

図参-1　測定歩行路
（予備路3m　測定区間5m　予備路3m）

図参-2　計測時の足部の状態
テープを踏んだ時点　または　遊脚相にある足部が超えた時点

5．ひざ伸展筋力

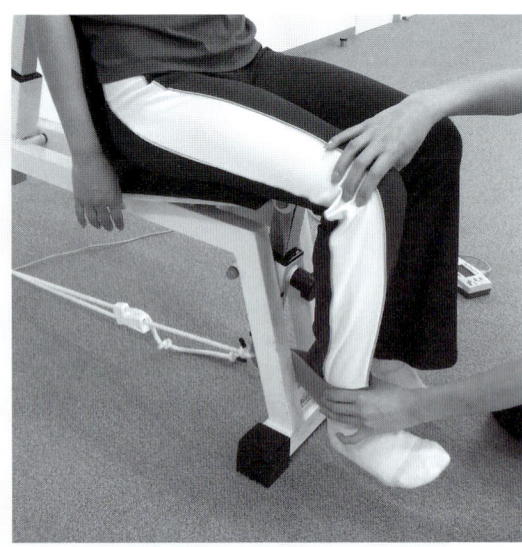

① イスに座り，ひざが90度屈曲位になるように下腿を下垂する。手はイスの両端に添えておく。
② 下肢筋力測定器を下腿下部前面に当て，軽く力を入れてもらい，ひざの痛みや違和感を確認する。
③ ひざ伸展筋力の等尺性収縮を3秒間，左右それぞれ2回ずつ測定する。

教 示

「ひざを伸ばすようにジワジワッと力を入れてください」に統一する。

Point

● 痛みなどが生じた場合は，即刻中止する。
● 靴は脱いで行う。

測定値：ベスト
　　　　少数点第2位以下は四捨五入して同第1位まで求める

6．長座位体前屈

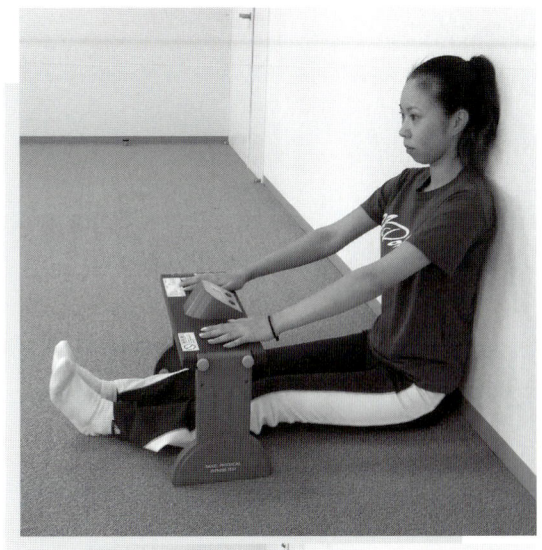

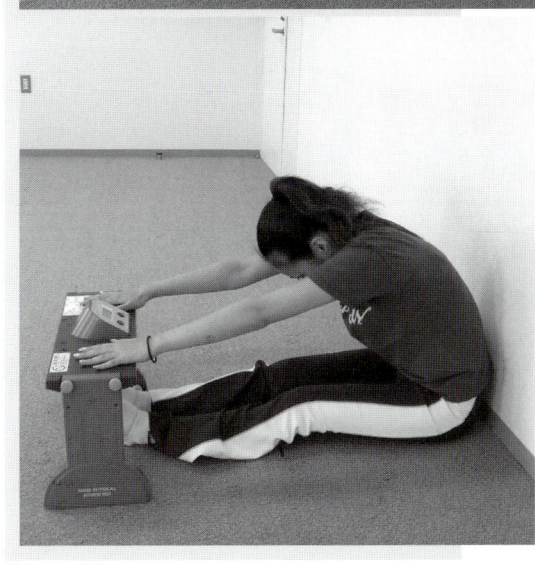

① 初期姿勢：被測定者はできるだけ背筋を伸ばし，壁に背・お尻をぴったりとつけ長座姿勢をとる。ただし，足首の角度は固定しない。
② そのままの状態を保持し，腕（ひじを伸ばす）を前方に伸ばして手のひら中央付近がカーソル部にくるように測定機器を設置する。
③ カーソルが0cmにあることを確認する。
④ 両手をカーソルから離さずにゆっくりと前屈し，前方にできるだけ遠くまで滑らせる。このときひざを曲げたり，股関節を外旋しないように注意する。
⑤ 最大前屈した後，元に戻る。
⑥ 2回測定する。

教 示

「おへそを見るようにして，できるだけ遠くに手を伸ばしてください」に統一する。

Point

- 2回目の測定をする際にも，再度，初期姿勢をとる。
- 円背などで正しい初期姿勢がとれない場合は，できる範囲内で行う。
- 靴は脱いで行う。

測定値：ベスト
　　　　センチメートル未満は四捨五入する

7. ファンクショナルリーチ

① 壁に向かって横向きに立ち，安定した立位姿勢（開始姿勢）をとる。開始姿勢がくずれやすい場合（前かがみなど）には，一度その場で足踏みなどをさせる。
② 手は軽く握り，両腕を90度挙上させる。その際，体幹が回旋しないよう注意する。
③ 肩の高さで伸ばしたこぶしの先端を付箋紙でマークし，壁に遠いほうの手をおろす。
④ こぶしは同じ高さを維持したまま，足も動かさずにできるだけ前方へ手を伸ばさせ，最長地点を付箋紙でマークする。この際，かかとを上げて爪先立ちになっても可とする。
⑤ その後，開始姿勢に戻らせ，これを1施行とする。
⑥ マーク間の水平距離を測定する。
⑦ 2回測定する。

教示

1回目：「こぶしを同じ高さに保ったままできるだけ遠くに伸ばし，元の姿勢に戻ってください」
2回目：「もう少しがんばってみましょう」

Point

- 壁に寄りかかる，前に踏み出す，元の状態に戻れないなどの場合は，再度測定を行う。
- 測定中のひざ折れなど安全の確保に留意する。
- 靴は脱いで行う。

測定値：ベスト
　　　　小数点第1位まで読みとる

体力測定記録用紙

測定日　　年　　月　　日

氏名 _____　　　年齢　　　歳

血圧　　　　／　　　　（P　　　　）

項　目	測定値		
握　力 （右・左）	kg	①	②
開眼片足立ち時間 （右・左）	秒	①	②
Timed up & go テスト	秒	①	②
長座位体前屈	cm	①	②
ファンクショナルリーチ	cm	①	②
通常歩行速度	秒	①	②
最大歩行速度	秒	①	②
膝伸展筋力 （右・左）	kg	①	②

4 体力平均値

項目		男性 平均値	男性 標準範囲	女性 平均値	女性 標準範囲
握力	kg	28.7	25.4～32.1	19.1	17.0～21.2
膝伸展筋力	kg	25.5	21.0～30.1	18.7	15.9～21.5
長座位体前屈	cm	23.9	19.6～28.2	28.6	24.2～33.1
開眼片足立ち	秒	12.2	3.5～21.0	10.0	3.4～16.6
ファンクショナルリーチ	cm	24.9	21.6～28.2	25.0	22.2～27.8
最大歩行（10m）	秒	9.8	7.5～12.2	10.1	7.1～13.2
Timed up & go テスト	秒	11.6	8.8～14.4	11.8	8.0～15.7
WBI*		0.41	0.34～0.48	0.36	0.31～0.41

＊ WBI＝体重支持指数〔膝伸展筋力（kg）÷体重（kg）〕
札幌市中央・西健康づくりセンター：2002年～2005年「高齢者筋力向上トレーニング事業」
参加者187名　男性 78名（平均年齢73.6±8.3歳）
女性109名（平均年齢74.0±7.2歳）

さくいん

あ
RPE ………………………………… 13
アーム・カール …………………… 80
握　力 ……………………………… 89
安全管理 …………………………… 8

い
イス ………………………………… 47
痛みの評価 ………………………… 4

う
ウォームアップ ……………… 14, 20
運動器の機能向上 ………………… 3
運動器の機能向上期 ……………… 11
　──のプログラム例 …………… 20
運動強度 …………………………… 13
運動中止基準 ……………………… 9

え
AED ………………………………… 9
SF-36 ……………………………… 7

か
カーフ・レイズ …………………… 60
開眼片足立ち時間 ………………… 90
介護サービス実施計画書 ………… 87
介護予防 …………………………… 1
回旋ストレッチ（体幹） ………… 34

肩の回旋 …………………………… 29
肩の外転 …………………………… 31
肩の内回旋 ………………………… 31

き
キック・バック …………………… 81
機能的トレーニング ………… 22, 82
仰臥位（困難） …………………… 28
緊急時の対応 ……………………… 8
筋肉の三原則 ……………………… 1
筋力・筋持久力 …………………… 10
筋力トレーニング …………… 16, 22

く
クールダウン ………………… 18, 24
クッション ………………………… 47
クランチ …………………………… 64

こ
後期高齢者 ………………………… 1
骨　折 ……………………………… 1
骨盤の可動性 ……………………… 50
個別サービス計画書の作成 ……… 7
コンディショニング期 …………… 11
　──のプログラム例 …………… 14

さ
座位（困難） ……………………… 28
最大歩行速度 ……………………… 93

サイド・ランジ ……………………58
サイド・レイズ ……………………78
座布団 ………………………………47

し

時間配分 ……………………………12
姿勢保持（困難） …………………27
事前アセスメント …………………4
質問紙調査 …………………………7
重心移動 ……………………………82
柔軟性 ………………………………10
シュラッグ …………………………77
準備体操 ……………………………27
ショルダー・プレス ………………79
身体アライメント …………………5
伸展ストレッチ（股関節） …35, 37

す

衰弱 …………………………………1
スクワット …………………………57
ストレッチング ……………………27
　（肩） ………………………………29
　（下腿三頭筋） ……………44, 45
　（広背筋） …………………………32
　（股関節内転筋） …………………41
　（股関節内転筋群） ………………42
　（大胸筋） …………………………32
　（体側） ……………………………33
　（大腿四頭筋） ……………………36
　（大臀筋） …………………………39
　（ハムストリングス） ……………39
　（ヒラメ筋） ………………43, 45
　（太もも前側） ……………………35

せ

静的アライメント …………………5
前期高齢者 …………………………1

た

体調の確認 …………………………9
体力測定 ……………………………6
体力測定記録用紙 …………………98
体力測定実施方法 …………………89
体力平均値 …………………………99
ダンベル ……………………………47

ち

チューブ ……………………………47
長座位体前屈 ………………………95
調整力 ………………………………10

つ・て

通常歩行速度 ………………………93
転倒 …………………………………1
　──の予防 ………………………9

と

動作分析 ……………………………5
動的アライメント …………………5
トゥ・レイズ ………………………62
トレーニング ………………………50
　（下肢） ……………………………55
　（胸部） ……………………………73
　（肩部） ……………………………77
　（上肢） ……………………………73
　（体幹） ……………………………64
　（背部） ……………………………75
　（ハムストリングス） ……………70
　（腹圧） ……………………………53
　（腕部） ……………………………80
トレーニング記録用紙 ……………88
トレーニングプログラム …………10

な・に

内外旋ストレッチ（股関節） ········ 41, 42
ニーベントウォーク ················ 85

は

廃　用 ························· 1
バランス ···················· 12, 82
バルサルバ効果 ················· 9

ひ

ひざ伸展筋力 ··················· 94
ヒップ・アブダクション ············ 67
ヒップ・リフト ··················· 70
頻　度 ························ 12

ふ・ほ

VAS ·························· 4
ファンクショナルリーチ ············ 96
負荷の調節 ···················· 49
フロント・ランジ ················· 59
歩行速度 ······················ 93

ま・れ・ろ

マット ························ 47
レッグ・エクステンション ·········· 55
レッグ・プレス ·················· 56
レッグ・レイズ ·················· 66
老研式活動能力指標 ·············· 7
ローイング ····················· 75

〔編著者〕

佐竹　恵治　　財団法人　札幌市健康づくり事業団
　　　　　　　札幌市中央健康づくりセンター　健康運動指導士

〔著　者〕

金澤　奈緒美　財団法人　札幌市健康づくり事業団
　　　　　　　札幌市西健康づくりセンター　健康運動指導士

竹村　慎二　　財団法人　札幌市健康づくり事業団
　　　　　　　札幌市中央健康づくりセンター　健康運動指導士

田頭　正一　　財団法人　札幌市健康づくり事業団
　　　　　　　札幌市中央健康づくりセンター　健康運動指導士

介護予防のための
運動器の機能向上マニュアル

2006年（平成18年）10月10日　初 版 発 行

編著者　佐 竹 恵 治
発行者　筑 紫 恒 男
発行所　株式会社 建 帛 社
　　　　KENPAKUSHA

〒112-0011　東京都文京区千石4丁目2番15号
　　　　　　TEL（03）3944-2611
　　　　　　FAX（03）3946-4377
　　　　　　http://www.kenpakusha.co.jp/

ISBN 4-7679-2210-0　C 3036　　　　文唱堂印刷／常川製本
©佐竹恵治ほか，2006　　　　　　　　Printed in Japan

本書の複製権・翻訳権・上映権・公衆送信権は株式会社建帛社が保有します。
JCLS 〈㈳日本著作出版権管理システム委託出版物〉
本書の無断複写は著作権法上での例外を除き禁じられています。複写される場合は、㈳日本著作出版権管理システム（03-3817-5670）の許諾を得て下さい。